KB267213

일본비전신서 1

크리스천 변호사가 본
요지경 세상

일본비전신서 1

크리스천 변호사가 본 요지경 세상

펴낸 날 · 2010년 10월 20일 | 초판 1쇄 찍은 날 · 2010년 10월 15일
지은이 · 모치다 아키히로 | 옮긴이 · 요다 리카 • 박혜선 | 펴낸이 · 김승태
등록번호 · 제2-1349호(1992. 3. 31) | 펴낸 곳 · 예영커뮤니케이션
주소 · (136-825) 서울시 성북구 성북1동 179-56 | 홈페이지 www.jeyoung.com
출판사업부 · T. (02)766-8931 F. (02)766-8934 e-mail: edit1@jeyoung.com
출판유통사업부 · T. (02)766-7912 F. (02)766-8934 e-mail: sales@jeyoung.com

Copyright © 2010 모치다 아키히로
ISBN 978-89-8350-602-3(04230)
ISBN 978-89-8350-008-3(세트)

값 9,000원

일본비전신서 1

크리스천 변호사가 본
요지경 세상

모치다 아키히로 변호사의 실제 사건사례 모음

모치다 아키히로 지음
요다리카 · 박혜선 옮김
나카가와 켄이치 · 김영진 · 김성묵 · 권택명 추천

예영커뮤니케이션

추천사

　이번에 제가 존경하는 친구인 모치다 아키히로 씨가 『크리스천 변호사가 본 요지경 세상』이라는 책을 출판하셨습니다. 저는 이 책을 읽고 세 가지를 느꼈습니다.

　첫째로 '마음에 걸리는 사건사례'입니다. 누구나 현실생활에서 직면할 수 있는 사건이 20개 소개되어 있는데 공감이 가는 사례가 많아서 한 번 읽으면 멈출 수 없습니다.

　둘째로 '변호사'의 시각으로 쓰여진 책입니다. 이 책에서는 상속문제와 가족문제가 주로 소개되어 있습니다. 이들의 현대적인 주제들을 변호사의 예리한 눈으로 해석하고 있습니다. 현대인이 필요한 법률상의 지식이 이 책을 읽는 사이에 자연스럽게 익혀져 제 것이 됩니다. 앞으로 변호사의 신세를 져야 할 경우 이 책에서 얻은 지식이 많은 도움이 되지 않을까 싶습니다.

셋째로 '기독교적 세계관'으로 쓰여진 책입니다. 예수 그리스도께서는 많은 '비유'를 들어 사람들을 가르치신 것은 주지의 사실입니다. '비유'는 현실에 일어날 수 있는 사례를 들어 눈에 안 보이는 영적인 진리를 가르치는 것입니다. 이 책을 읽고 이것은 '현대판 비유'라고 느꼈습니다. 그리고 최고의 '비유'입니다. 저자의 필치에는 독자에게 격려하고 싶은 사랑의 배려가 넘치고 있습니다.

독자 여러분은 이 책을 읽어 나가는 동안에 저자를 만나고 싶은 생각이 들지 않을까 생각합니다. 이러한 독자들의 기대에 부응하여 저자 자신의 자기소개도 상당 부분도 담겨져 있습니다. 특히 이 책의 나무랄 데 없는 구성에 경의를 표합니다. 이 책의 출판을 진심으로 추천합니다.

2008년 12월

나카가와 켄이치
하베스트 타임 미니스토리즈 이사장

추천사

　　모든 사람의 인생에는 각자에게 귀중한 체험이 있습니다. 그 체험은 아무리 어려운 고난의 사건이라고 하더라도, 그 속에서 인생의 의미를 깊이 깨닫는 사람에게는 삶을 단련시키고 성숙한 길로 인도해 주는 귀중한 자양분이 됩니다.

　　일본의 존경받는 크리스천 변호사이신 모치다 아키히로 변호사의 『크리스천 변호사가 본 요지경 세상』은 바로 한 사람이 경험한 귀중한 신앙체험의 위대한 힘을 보여 주는 책입니다.

　　이 책은 모치다 변호사가 크리스천이 되기까지의 진솔한 인생 이야기와 함께, 변호사 생활을 통해 만나게 된 많은 사람들과 사건들 속에 하나님의 섭리를 발견하고 크리스천의 눈으로 바라본 세상에 대한 깊은 생각들을 쉬운 필치로 담아내고 있습니다.

　인생에 대한 회의로 목적 없이 방황하던 젊은이가 창조주이신 하나님을 만나 삶의 목적을 되찾고, 이웃을 위해 헌신하는 훌륭한 변호사로 거듭나는 이야기는 이 책을 읽는 모든 분들에게 삶에 대한 새로운 희망을 던져 줄 것이라고 생각합니다. 또한 변호사 업무를 통해 겪게 된 많은 사건들을 기독교 세계관으로 풀어낸 일본사회 관찰기를 통해 우리는 동시대를 살아가는 '세상 속의 그리스도인'의 정체성을 고민할 기회를 갖게 될 것입니다.

　이렇게 뜻 깊은 책이 한국어판으로 출판된 것을 매우 기쁘게 생각하며, 진심으로 여러분께 일독을 권합니다. 아무쪼록 이 책이 한국과 일본간의 상호 이해와 그리스도인들의 연합에도 귀하게 사용되기를 기도드립니다.

김영진
대한민국 국회의원(5선) • 한일기독의원연맹 대표회장
제53대 농림부장관

추천사

　지금은 쉽게 볼 수 없지만 예전에는 집집마다 '가화만사성(家和萬事成)'이라는 말을 새긴 액자를 걸어 놓은 집이 많았었습니다. 가정이 평화로워야 세상만사가 형통하다는 평범한 진리가 요즘에는 잘 통하지 않는가 봅니다.

　하나님의 부르심에 따라 두란노아버지학교를 섬긴 지 15년이 넘어선 것 같습니다. 그 긴 세월 동안 저는 참으로 많은 아버지들을 만났습니다. 집집마다 사연이 없는 집이 없는 것 같고, 별의별 일이 다 있습니다. 이기적인 아버지들, 인생의 큰 목표를 위해 가족과 가정에는 무관심한 아버지들, 자녀들에 대해 아무것도 모르는 아버지들, 외도를 밥 먹듯이 하는 아버지들, 폭력이 앞서는 아버지들도 많습니다. 아버지가 제 자리를 찾지 못할 때 그 가정이 흔들리는 모습을 많이 보았습니다. 저는 아버지학교를 통해 요지경 세상을 봅니다.

그런데 저와는 전혀 다른 일을 하시는 일본의 모치다 아키히로 변호사께서 법정에서 다양한 가족 분쟁을 법률적으로 다루면서 저와 비슷한 생각을 하셨나 봅니다. 그분도 크리스천이시고 저도 크리스천이니 보고 느끼는 것도 비슷할 것 같습니다.

일본 간사이에서 아버지학교를 적극적으로 지원하여 주시는 모치다 변호사께서 이번에『크리스천 변호사가 본 요지경 세상』이라는 책을 출판하신다고 하니 무척 반갑고 기대가 됩니다. 아마 그분은 다양한 가정 관련 사건들을 다룰 때마다 그들의 삶을 바라보며 자신의 믿음을 비추는 거울로 삼았을 것입니다. 우리 그리스도인의 삶은 세상의 법정이 아니라 하나님의 법정에서 심판을 받게 되겠지만 우리는 영적 거울을 통해 끊임없이 자신의 믿음을 새겨 보아야 합니다.

아마 모치다 변호사님은 많은 사건을 다루면서 세상의 법정의 판결을 넘어 하나님의 눈으로 세상을 보는 법을 터득했을 것입니다. 이 책을 통해 우리는 그의 진지한 믿음과 그분만이 줄 수 있는 독특한 삶의 교훈들을 접하게 될 것입니다. 이를 통해 이 시대에 우리가 추구해야 할 건강한 가정과 부모의 참모습을 깨닫게 될 것입니다.

가정의 문제에는 항상 아버지가 연관되어 있습니다. 그것은 한국뿐 아니라 일본도 마찬가지일 것입니다. 아버지의 삶, 판단력, 교훈, 인격 등이 가정과 자녀들에게 큰 영향을 미칩니다. 가정에서 해결하려다가 해결하지 못하고 법정으로 간 다양한 사건들을 통해서 병든 아버지들의 모습을 보게 될 것입니다. 이 책이 이 시대를 살아가는 모든 아버지들에게 가정의 건강성을 돌아볼 수 있는 영적인 거울이 되었으면 좋겠습니다.

"아버지가 살아야 나라가 산다."

김성묵
두란노아버지학교 국제운동본부 본부장

추천사

요즘은 꾸며낸 '소설'보다 실제의 '현실'이 더 '소설' 같고 재미있다는 말을 자주 듣게 됩니다. 그만큼 우리가 사는 세상에는 온갖 상상을 초월하는 사건들이 벌어지고 있다는 이야기일 것입니다. 어지간한 것은 이제 뉴스거리도 되지 않는 시대를 살고 있는 것이 우리의 서글픈 현실입니다. 그야말로 책 제목처럼 '요지경' 세상입니다.

특히 윤리가 뒷받침되지 않은 자본주의 사회가 더욱 진전되어 갈수록 돈이 모든 가치의 우위에 위치하게 되어 이런 현상은 더욱 심화되어 갈 것입니다. 전통적으로 가족이라는 가장 기본적인 공동체의 가치마저 예외 없이 돈 앞에서 붕괴되어, 가족 간에서도 과거라면 상상하기 어려운 일들이 일상다반사처럼 일어나고 있는 현실입니다.

모치다 아키히로 변호사의 이 저서는 그런 의미에서

우선 '소설'보다 더 재미있게 읽힐 것입니다. 거기다 실화라는 무게를 담고 있기에, 읽기 시작하면 끝까지 책에서 눈을 떼지 못하게 하는 흡인력이 있습니다. 이 책에서 다루는 내용들은 주로 이혼과 유산 상속 등 가족 관계 속에서 일어나는 일본의 현실을 담아낸 것이지만, 동시에 바로 우리 한국의 현실이기도 하다는 공감을 하게 됩니다.

또한 사례와 더불어 크리스천 변호사로서, 각각의 케이스에 대해 연관이 되는 성경말씀과 대비하거나, 저자 자신의 코멘트를 통해 새로운 회복의 길을 제시하고 있는 것이, 유사한 저서와는 확연히 구별되는 것이기도 합니다. 더욱이 그저 성경구절을 인용하는 것에 그치지 않고, 이와 같은 현실에 대해 진심으로 안타까워하며, 근원적인 회복과 대안을 예수 그리스도와 신앙 안에서 제시하는 저자의 진지함이 매우 감동적으로 다가옵니다.

후반부에는 이러한 '요지경' 같은 현실의 사례와 이에 대한 성경적 처방에 더하여, 저자 자신의 신앙 간증을 곁들임으로써, 또 다른 의미에서 이 책을 읽는 기쁨과 보람을 더해 줍니다. 늦깎이로서 수차례의 도전을 통해 국가 최고시험인 사법시험에 합격하여 변호사라는 전문직으로서 자신의 길을 개척하고, 일본에서는 매우 소수에

속하는 크리스천으로서 성실하고 진실하게 세상에서 소
금과 빛의 역할을 감당하고 있는 모습은 그것만으로도 이
책을 읽는 가치와 보람을 주고 있다고 할 것입니다.

권택명

외환은행나눔재단 상근이사, 사랑의교회 장로, 시인

발간사

　　VIP 간사이의 회장이며 신실한 크리스천 변호사인 모치타 변호사와의 만남은 벌써 10년의 세월도 더 흘렀습니다.

　　오사카에서 회사를 경영하며 VIP클럽을 섬길 때 매주 목요일 아침 7시에 키타하마 샤론기도회에서 함께 기도하였었습니다. 모치다 변호사님은 제가 신학을 하기로 결정했을 때와 일본에서 아버지학교 운동을 할 때에도 저에게 큰 힘이 되어 주었으며, 재한 일본인 선교를 위하여 선교사로 헌신하여 한국으로 올 때에도 마음을 나누며 함께 의논했었습니다. 친구이며 때로는 형과 같은 모치타 씨의 책을 한국어판으로 출판하게 된 것이 얼마나 기쁘고 감사한 일인지 알 수 없습니다.

　　모치타 형의 주님을 향한 깊은 사랑과 헌신을 오랫

동안 보아 오며 일본어로 나온 책을 읽을 때 재미있고 감동이 되어 한국어로 번역하여 한국분들에게도 소개하고 싶었습니다.

일본 생명의 말씀사의 모든 분들과 특히 믿음 안에서 친구이며 신앙의 동료인 일본《크리스천신문》의 한국 지국장인 손제현 국장에게도 감사를 드립니다. 손형이 한국으로 오게 된 것은 하나님의 은혜입니다. 재일교포인 손형이 일본《크리스천신문》의 책임자로 한국에 오는 결단을 한 것은 한국과 일본교회의 연합과 상생의 틀을 만드는 귀한 헌신이었다고 생각되어 더욱 감사를 드립니다. 특히 모치타 씨의 글을 일본《크리스천신문》에 연재하며 일본 생명의 말씀사에서 책으로 출판하며 한국어로 나오기까지 많은 수고를 아끼지 않았습니다.

예영커뮤니케이션의 대표이신 김승태 장로에게도 감사를 드립니다. 출판에 관하여 문외한인 저에게 용기와 힘을 주었습니다. 김승태 장로의 도움으로 이 책이 한국 독자들에게 소개할 수 있게 되었습니다. 이 책을 계기로 예영커뮤니케이션과 함께 일본의 좋은 책들을 일본비전 공동체의 시리즈로 번역 발간하여 한국의 독자들에게 소개하고 싶습니다.

　　법률적인 단어가 많은 어려운 책의 번역을 맡아 수
고한 요다 리카 씨과 사랑하는 딸 혜선에게도 고마움을
표하며 이 책을 읽는 많은 분들이 주님의 은혜와 평강으
로 기뻐하시기 바랍니다.

2010년 10월 한국 기독교회관에서
박윤수 목사

머리말

일본 NHK의 아침 연속 TV 드라마 「단단 (감사합니다)」이 인기리에 방송 중이다. 나는 그 무대의 하나, 마츠에 성(城)이나 신지호수가 있는 일본 시마네현 나츠에시에서 태어나서 자랐다. 나의 집은 절의 단가(檀家, 불교 신도의 집)이고 매일 불단과 각 방의 제단에 합장하고 기도하는 습관이 있었다. 어렸을 때부터 어쨌든 공부를 매우 싫어하고 노력을 하지 않아 학교 성적은 좋지 않았다. 언젠가 모든 것은 죽는다. 죽으면 다 잃어버린다. 그래서 싫어하는 것을 위해 노력할 마음은 전혀 없었다. 한편 노는 일이나 운동은 몹시 좋아하여 특히 고등학교 때는 테니스에 몰두하고 고등학교 리그나 전국체육대회에도 출전했다.

테니스를 더 잘 치기 위해서 대학교에도 들어갔는데

곧 좌절했다. 목적을 잃은 내가 빠진 것은 마작. 수업도 뒷전으로 하고 마작 집(마작하는 오락실 같은 장소)에 틀어 박혀 있었다.

그런 내가 대학교를 졸업하고 실연을 계기로 크리스천이 되었다. 주변에서 많이 놀라며 걱정하는 사람도 있었다. 그러나 나는 난생 처음으로 죽음의 문제를 극복할 수 있었다. 죽음은 끝이 아니다. 지금의 노력이, 그리고 공부하여 얻은 것이 그 사용법 나름으로 천국에 큰 보물을 쌓아 두는 것을 알았다. 노력은 결코 보람 없이 끝나지 않는다. 그것을 깨달으면서 공부를 매우 좋아하게 되었다.

인간은 창조된 존재이다. 창조된 이상에는 꼭 목적이 있다. 그렇다면 창조하신 분의 음성을 들어야 된다. 그것이 내가 크리스천이 된 동기였다. 나는 그 음성에 따라 사법고시의 길을 걸었다. 그리고 기적적으로 변호사가 될 수 있었다.

이상과 같은 나의 성장과정, 크리스천이 된 이유, 변호사로의 길 등 나의 실패 투성이의 인생과 하나님의 은혜에 대하여 이 책의 후반에 자세하게 소개하였다.

변호사가 되어 20년 동안 많은 사건을 손수 다루었

다. 그 중에서는 드라마틱한 사건도 있었다. 이치하라 에츠코 씨가 주연하는 인기 TV드라마「가정부는 봤다!」시리즈가 있는데 나도 변호사를 은퇴한 후에는「변호사는 봤다!」시리즈를 쓰고 싶다는 생각이 들 정도로 말이다. 또 사건을 통해서 내가 배우고 훈련받은 일도 많았다.

5년 전에 《크리스천신문》 복음판에서 이러한 나의 체험을 에세이로 하는 기회를 얻었다. 오른손에 성경, 왼손에 육법전서를 쥔 심경으로 51회를 연재했더니 전국에서 많은 감상, 질문, 격려를 받았다. 이 에세이의 일부에 가필하여 새로 쓴 것이 본서이다. 본서가 독자 여러분에게 조금이라도 도움이 된다면 다행이다.

이 책을 출판하면서 이노치노 코토바 저널출판 사업부의 스태프 여러분, 특히 나카노 아키마사 부장님, 미야타 마미코 씨, 야마모토 메구미 씨에게 진심으로 감사를 드린다.

마지막으로 뒤에서 떠받쳐 주었던 인터내셔널 VIP 클럽, 키타하마 샤론기도회 동료들, 나의 비서들, 그리고 아내와 아들에게 마음속 깊이 "고맙다"라는 말을 전하고 싶다.

목차

사건사례

유산상속 편

가족문제 편

사건사례

file_01   하늘에서 온 6억 엔?

전혀 본 적도 없고 존재조차 몰랐던 먼 친척인 할머니.
하지만 낯선 그 할머니로부터
법정 상속인인 의뢰인에게 막대한 유산이...

*****
*** ***

내가 변호사로서 처리한 갖가지 사건 중에서도 유산을 둘러싼 사건만큼 드라마틱한 것은 없다. 이는 사람의 죽음에 의해 때때로는 사람이 한평생이 걸려도 벌지 못하는 재산이 하룻밤 사이에 굴러 들어오는 경우이기 때문이다.

이 일확천금(一攫千金)을 둘러싸고 상식적으로는 생각할 수 없는 그럴듯한 수단이 쓰여지기도 하고 인간의 본성을 드러낸 골육의 분쟁이 전개되고 가지각색의 일들이 일어난다. 이런 사건들 중에서 특히 인상 깊은, 하늘에서 돈이 온 이야기부터 소개하고자 한다.

　　의뢰자인 안도 쓰구루 씨(가명)는 정년 전의 회사원
이다. 그는 어느 날 갑자기 경찰에서 전화가 와서 친척이
라고 설명한 고령의 여성 벳토 시게코 씨(가명)의 검시입
회를 위해 불려나왔다. 안도 씨가 반신반의(半信半疑)로
벳토 씨의 집으로 갔더니 발 디딜 곳도 없는 쓰레기 더미
안에서 벳토 씨는 죽어 있었다. 경찰관이 허리띠를 풀어
보니 그 안에서 예금통장 등이 나왔다.

　　안도 씨의 의뢰내용은 '벳토 씨의 유산을 받아도 될
까'라는 것이다. 조사 결과 유산총액은 약 6억 엔으로 밝
혀졌다. 벳토 씨는 결혼한 적이 있는데 곧 이혼했고 자식
은 없었다. 그 후에 입양을 한 적도 있었지만 결국 취소
했다. 벳토 씨의 부모는 벳토 씨가 어렸을 때 돌아가셨
다. 어머니에게 따로 자식은 없었다. 아버지는 재혼했는
데 후처와의 사이에 자식은 없었다. 그러나 아버지에게
는 애인이 있었고 그 애인과의 사이에 아이가 있었다. 벳
토 씨의 아버지가 인정한 이 애인 사이에 생긴 아이가 바
로 안도 씨였다. 즉 안도 씨는 벳토 씨의 이복형제라는
사실이 밝혀졌다.

　　안도 씨는 벳토 씨의 유일한 법정상속인으로서 유산
을 받게 된 것이고 아버지의 얼굴조차 모르는 안도 씨가

벳토 씨의 존재를 모른다는 것은 당연한 일이었다. 덧붙여 말하면 벳토 씨는 부동산 임대로 재산을 모았지만 결국 인간불신에 빠지고 재산만이 자기 자신을 지켜줄 것이라고 믿고 말년에는 통장 등을 몸에서 떼지 않고 가지고 있었다고 한다. 그러나 벳토 씨가 그 만큼 의지했던 재산도 한순간에 한 번도 본적이 없는 안도 씨의 손에 넘어갔던 것이다.

벳토 씨의 인생에 초점을 맞춰 보자. 그는 틀림없이 부자이지만 아무도 베토 씨처럼 되고 싶다고 생각하지 않을 것이다. "돈을 다 써버렸으면", "돈보다 인간관계를 소중하게 여겨야 하지 않았을까" 등 여러 의견이 있을 것이다.

그러나 나는 벳토 씨가 이 땅의 삶밖에 염두에 없었던 점에 무엇보다도 허전함을 느꼈다. 이 땅에 아무리 많은 보물을 쌓아도 언젠가 이별이 와서 그 동안의 노력은 수포로 돌아간다. 이 제행무상(諸行無常)의 허무감으로부터 자유로워지는 해답이 성경에 있다.

"오직 너희를 위하여 보물을 하늘에 쌓아 두라. 거

기는 좀이나 동록이 해하지 못하며 도둑이 구멍을 뚫지도 못하고 도둑질도 못하느니라."(마 6:20)

보물을 하늘에 쌓는 인생은 절대로 헛수고에 그치지 않는다. 그것을 깨달았을 때 우리는 인생의 허무감에서 풀려난다. 당신은 어디에 보물을 쌓아 두는 인생을 보냅니까?

다음에 안도 씨에게 초점을 맞춰 보자. 안도 씨는 혼인 외의 자식으로서 태어났고 게다가 아버지가 일찍 돌아가셨기 때문에 어렸을 때부터 아주 가난하게 고생하면서 살았다. 하지만 미움을 품게 했던 아버지 덕분에 안도 씨는 벳토 씨의 유일한 법정 상속인이 되고 하룻밤 사이에 재력가가 되었다. 정년퇴직을 앞둔 안도 씨의 기쁨이 한층 더 컸을 거라는 말을 할 필요도 없다. 안도 씨처럼 한 순간에 큰 부자가 되는 것은 누구에게나 일어나는 것이 아니다. 그러나 희망이 있는 복된 인생을 누리는 것은 누구에게나 가능하다. 왜냐하면 내가, 그리고 당신이 부요한 자가 되도록 기꺼이 자신을 버려 가난하게 되신 분이 계시기 때문이다.

 크리스천 변호사가 본 요지경 세상

그 분(예수 그리스도)은 하늘에서의 하나님의 영광
의 모습을 버리고 썩어 가는 인간의 모습이 되어 십자가
위에서 죽는 고난의 인생을 걸어가셨다. 그것은 우리의
죄를 없애고 하나님과의 관계를 회복시키고 우리들이 잃
어버린 하나님의 축복을 되찾기 위한 것이었다. 이것은
벳토 씨가 남긴 6억 엔보다도 훨씬 뛰어나고 다른 어떠한
물건과도 바꿀 수 없는 영원한 재산이다. 나머지 일은 우
리들이 그것을 받아들이는 것뿐이다. 당신은 이미 이 엄
청난 선물을 받았는가. 만일 아직 못 받았다면 지금 바로
받기를 바란다. 그 복된 길은 누구에게도 열려 있으니까
말이다.

"우리 주 예수 그리스도의 은혜를 너희가 알거니와
부요하신 이로서 너희를 위하여 가난하게 되심은 그의 가
난함으로 말미암아 너희를 부요하게 하려 하심이라."(고
후 8:9)

무슨 일이 있어도
손 떼고 싶지 않았던 저택

**장남으로서 부모를 모셨다!
그래서 다른 형제와 똑같은 유산상속은 인정할 수 없다.
이 집은 내 집이다!**

******

"욕심 많은 뿔매 가랑이 찢어진다"라는 격언이 있다. 멧돼지를 잡았더니 멧돼지가 좌우로 뛰기 시작했다. 뿔매는 두 마리 모두 다 놓지 않으려고 욕심을 부렸기 때문에 가랑이가 찢어져서 죽어버렸다. 욕심이 많으면 재난을 만난다는 교훈이지만 이것을 그림으로 표현한 것 같은 사건이 있었다.

의뢰자인 타카다 타카시 씨(가명)는 일본 코베에서 아버지가 소유하는 저택에서 부모와 살고 있었다. 여동생 두 명은 이미 결혼을 했다. '순간 약탕기'라는 별명을 가지고 있는 타카다 씨는 갑자기 욱하는 성격을 갖고 있는 급한 사람이고, 전쟁 전 교육의 영향을 크게 받은 전형적인 가부장적인 사람이었다.

아버지는 자택 외에도 몇 개의 부동산과 주식을 소유하고 있었다. 아버지를 따라서 어머니가 돌아가시자마자 형제 사이의 분쟁이 일어나고, 결국 장례는 따로따로 거행되었다. 그 후에 동생들부터 타카다 씨를 상대로 부모님의 유산분할조정이 소송이 제기되었다.

"아버지는 욕창이 생기셔서 참혹하셨습니다. 어머니는 인스턴트식품만을 드셨고 항상 울고 계셨습니다. 그래서 오빠의 학대로 부모님은 돌아가셨습니다."

이처럼 딸들은 주장했다. 타카다 씨는 심하게 화를 내며 응수했다.

"동생들이 항상 염치없이 돈을 달라고 오니까 아버지는 괴로워하셨습니다."심하게 서로 비방전투(誹謗戰鬪)를 하다가 결국 동생 한 명이 재판소의 건물에서 뛰어내리려고 자살을 기도해서 난리가 난 적도 있었다.

유산분할에 관해서는 타카다 씨가 부모를 돌봐드린 대가로 "코베에 있는 주택(유산전체의 8할 이상의 가치)

을 갖고 싶다"고 주장한 것에 대하여 동생들은 "법정상속분(3등분)으로 나눠야 한다"고 반론했다. 타카다 씨의 주장은 법적으로 상당히 무리가 있고 조정의원도 열심히 설득했지만, 타카다 씨는 완강하게 조금도 양보하지 않았다. 조정은 길어지고 약 6년의 세월이 흘렀다. 그리고 그 후 일본 한신대지진이 코베 도시를 덮쳤다. 동생들이 지켜보는 가운데 무너진 저택의 기와조각더미에서 그랜드 피아노에 깔린 타카다 씨의 시체가 발견되었다. 상당한 분쟁이 일어난 사건의 극적인 끝의 순간이었다. 그 다음에 조정은 그 저택 대지의 일부를 매각하는 것으로 쉽게 매듭을 지었다.

나는 타카다 씨가 코배의 저택에 대해서 그만큼 욕심을 부리지 않았다면 또 다른 결말이 되지 않았을까 하는 아쉬운 생각이 들었다. 타카다 씨에게는 과격한 골육의 분쟁으로 고통이 증가하고 심신이 모두 지친 말년 6년의 세월이었다.

재산은 틀림없이 우리들의 생활에 필요한 것이지만 재산으로써는 평안을 살 수 없고 오히려 분쟁의 불씨가 될 소지도 많다. 재산과 평화, 둘 다 있으면 최고이지만

어느 하나를 선택해야 된다면 당신은 어느 것에 가치를
둔 삶을 선택할까?

"마른 떡 한 조각만 있고도 화목하는 것이 제육이 집
에 가득하고도 다투는 것보다 나으니라."(잠 17:1)

30살 차이가 난 노인과의 결혼의 참뜻은…

80세 아버지가 어느새 혼인신고를 했다.
30살이나 차이가 나는 여성이 아버지를 돌봐 주고 있었지만 아버지는
몸이 점점 쇠약해지고 있었다.

고령화와 핵가족화가 점점 증가하는 일본에서는 주변에 믿을 수 있는 의존 대상이 없는 고령자가 늘어나고 있다. 이런 사람들의 약점을 이용해 뻔찔나게 드나들며 이야기 상대가 되면서 가족보다도 의지가 된다고 생각하게 만들어, 교묘한 수법으로 고령자의 재산을 빼앗으려고 하는 사람이 있다.

의뢰자인 미우라 사토시 씨(가명)는 아버지인 미우라 이와오 씨(가명 80세)가 쓰러졌다고 해서 부임한 곳인 캐나다에서 급히 귀국했다. 회사의 창립자인 이와오 씨는 몇 년 전에 아내를 떠나보내고 혼자서 살고 있었지만, 아직까지도 열정적으로 일을 하는 사람이었다. 외아들인 사토시 씨가 병원에 가 보니 이와오 씨는 상당히 쇠약하고 특별히 기억이 분명하지 않는 상태였다. 그리고 놀랍게도 '이와오의 아내'라고 자칭하는 전혀 모르는 사에키 히로코 씨(가명 48세)라는 한 중년여성이 이와오 씨를 돌보고 있었다.

사토시 씨가 사에키 씨에 대해서 조사한 결과 다음과 같은 일을 알게 되었다. 이와오 씨는 약 1년 전에 술집에서 사에키 씨를 서로 알게 되어서 친해지고 점점 일상사를 돌봐 주게 되었다. 주변 사람들은 놀랐지만 독단적인 성격의 이와오 씨를 꾸짖는 사람은 아무도 없었다. 사에키 씨는 이와오 씨의 아내로서 입적되어 있었지만(따라서 현재 호적상은 미우라 히로코; 일본에서는 혼인신고를 하면 아내의 성이 바뀐다), 그것은 주변에서는 아무도 몰랐던 일이었다. 그리고 이와오 씨는 쓰러졌다. 이대로 돌아가면 이와오 씨의 막대한 재산의 절반은 사에키 씨의 것으로 되어 버린다. 두 사람의 혼인을 해소(解消)시키는 방법은 없을까, 이것이 사토시 씨의 의뢰내용이었다.

　　혼인신고의 서명은 이와오 씨의 필적인 것이 틀림없었지만, 새로운 조사에서 사에키 씨는 자산가 노인을 노린 여성 결혼사기 집단의 일당인 것 같다는 정보가 들어왔다. 아무리 아내가 죽고 외로웠더라도 이와오 씨가 말년이 되어 30세 이상이나 나이 차이가 있는 여성과, 게다가 그의 아들인 사토시 씨나 친척에게 비밀로 하면서까지 사에키 씨와 재혼한다는 것은 생각할 수 없는 일이라서 이와오 씨가 사사키 씨에게 속아서 혼인신고에 서명한 것이 의심된다는 것이 지배적인 생각이었다.

　　그러나 이와오 씨로부터 진실을 들을 수는 없고 게다가 이외에 혼인 무효 또는 취소의 조정 재판을 일으키는 정도의 결정적인 증거도 못 찾았기 때문에, 지금 이와오 씨의 건강 상태가 좋을 때를 예측해 보고 유언장을 만들기로 하고, 재판을 일으키는 것에 대해서는 애끓는 심정으로 단념하기로 했다.

　　독거가정이라는 밀실 안에서 이와오 씨와 사에키 씨 사이에서 무슨 일이 있었는지는 지금까지 아무도 모른다. 이렇게 진실이 밝혀지지 않은 채로 일이 매듭을 짓게 되는 경우는 이 세상에서 의외로 많다. 그렇다면 못된 짓은 어둠속에 갇히고 악인이 이익을 보며 끝을 맺을까 라고 하면 결코 그렇지는 않다. 성경은 이렇게 말한다.

"그가 어둠에 감추인 것을 드러내고 마음의 뜻을 나타내시리니"(고전 4:5)

전지전능하신 하나님이 모든 것을 밝히시고 공의의 하나님이 바른 심판을 각자의 행동이나 생각에 따라 바르게 심판하실 때가 반드시 올 것이다. 당신은 그것을 의식하면서 날마다 인생을 보내고 계십니까?

file_04 양자가 된 가정부

**＊
＊＊**

앞 페이지에서 고령자의 아내가 되어서 그 유산을 상속에 의해 획득하는 수법의 사건을 소개했는데 이런 종류의 사건으로 실제로 많이 사용되는 것은 입양에 의한 방법이다. 이렇게 법정상속인의 신분을 취득하고 유산을 노리는 수법으로는 앞 페이지에서와 같이 상대방의 위법 행위의 입증이 꽤 어려울 때가 많다.

무엇보다도 중요한 증인이기도 하는 고령자 본인이 지금도 상대방의 손안에 있다는 제약이 크다. 조사나 재판에 드는 경제적인 부담이나 시간적 부담도 싸우는 쪽이 책임져야 되고 게다가 주변 사람들의 "고령자를 돌봐 주지 않은 자가 유산 목적으로 재판을 하고 있다"라는 비난에도 참아야 된다. 이러한 상황에서는 의심을 품으면서도 추궁하는 것을 도중에서 포기해 버리는 경우가 대부분이다. 이때까지도 나도 그것 때문에 몇 번 아쉬운 일이 있었지만 어느 날 천재일우(千載一遇)의 사건을 만났다.

의뢰인인 키무라 요시오 씨(가명)의 친척 아주머니이신 키무라 사에코 씨(가명 70세)는 남편이 일찍 돌아가서 혼자 산다. 6년 전부터 파킨슨병에 걸려 걷기가 어려워서 입퇴원을 반복하고 있다. 2년 전부터 가정부가 같이 살면서 사에코 씨를 돌봐 주고 있었다. 간병인도 일주일에 한 번씩 왔다. 키무라 씨랑 친척들은 어쩌다가 방문하는 정도이었다. 어느 날 간병인에게서 키무라 씨에게 연락이 왔다.

"가정부의 태도가 이상합니다. 최근에 변호사가 와서 무언가 수속을 하고 있습니다. 또한 사에코 씨에게 우편물이나 주소록을 보이지 않도록 저에게 지시를 했습니다. 그리고 의사가 반대했는데도 '나는 양녀이다'라고 말하며 사에토 씨를 강제로 퇴원시켰습니다."

놀란 키무라 씨는 사에코 씨에게 직접 사정을 물었다. 치매증상도 조금 있는 사에코 씨는 처음에는 두려운 눈초리로 말을 하려 하지 않았다.

"무서워서 말을 할 수 없어요."

"제가 지켜드릴 테니까. 아무 걱정하지 마시고 솔직히 말씀해 주셔요."

키무라 씨가 다짐을 듣고 사에코 씨는 주변을 살피더니 말을 하기 시작했다.

"가정부가 무서워요. 생명의 위협을 느껴요. 약을 못 먹게 할 때도 있어요. 사실 가정부는 양녀가 아닌데 겁이 나서 도장은 찍었어요."

그러다가 다시 두려움을 느꼈는지 자신의 말을 번복하기도 했다.

"가정부가 잘해 줄 때도 있어요."

이러한 상황 속에서 어떻게 대처하면 좋을지 고심하다가 키무라 씨가 나에게 상담하러 온 것이다.

조사해 봤더니 틀림없이 가정부는 사에코 씨의 양녀가 되어 1순위의 법정상속인의 자격을 이미 받았다. 그러나 사에코 씨의 말과 행동, 그리고 친척 안에 아무도 그녀가 입양되었다는 사실을 몰랐기 때문에 가정부가 사에코 씨의 유산을 노려 억지로 입양을 성립시켰다는 의심을 받았다. 다만 가정부가 사에코 씨의 시중을 드는 관계로 사에코 씨에게서 진심을 듣는 것은 어렵고 사실을 알기 위해서는 어떻게 해서라도 사에코 씨를 가정부로부터 분리시켜 보호할 필요가 있었다.

한편 사에코 씨를 함부로 보호하면 반대로 양녀인 가정부로부터 소송을 당할 가능성도 있었다. 더구나 사에코 씨를 구출한 후에 그가 가정부를 비호해 주는 발언을 하면 돌이킬 수 없다. 또 병약한 사에코 씨를 보호하는 것은 키무라 씨가 스스로 많은 희생을 치뤄야 되는 것을 의미한다. 우리는 망설였지만 "위협을 느낀다"라고 말하는 사에코 씨의 신상이 걱정되어 가정부가 없는 사이에 구출 작전을 결행하기로 했다.

하나님은 키무라 씨의 필사적인 결단을 축복해 주셨다. 놀랍게도 결행당일 우연히 사에코 씨가 먼저 "구해주세요"라는 전화가 왔다. 전날 가정부가 사에토 씨에게 심한 말로 모욕했다는 것이 그 이유였다. 여하튼 이것으로 대의명분(大義名分)은 다 갖춰지고 강제적으로 "데리고 왔다"는 비난을 받지 않아도 되었다. 그 후에도 가정부가 완강하게 저항했지만 입양무효, 건물명도, 통장 등 인도의 각 재판은 우리에게 유리하게 진행했다.

　가정부가 고령자에게 돈을 속여서 빼앗았던 경력이 있는 것도 밝혀졌고 이를 계기로 재판에 박차를 가했다. 가정부가 사에코 씨 대신에 진행하려고 했던 사에코 씨의 지인에 대한 대출금 반환 청구의 재판이 해결된 바로 후에 사에코 씨는 돌아가셨다. 위기일발(危機一髮)에서 유산을 빼앗기지 않고 끝났다. 모든 때가 이상하게 잘 맞은 사건이었다.

　사건 중에서는 변호사가 아무리 노력을 해도 악순환에서 빠져 나갈 수 없는 것도 있다. 우리들의 인생도 같은 것이다. 성경에는 이렇게 말한다.

　"형통한 날에는 기뻐하고 곤고한 날에는 되돌아 보아라. 이 두 가지를 하나님이 병행하게 하사 사람이 그의 장래 일을 능히 헤아려 알지 못하게 하셨느니라."(전 7:14)

　'형통한 날'도 '곤고한 날'도 모두 다 하나님이 주신다. 그것은 우리들이 인간의 한계를 깨닫고 겸손하게 되어서 하나님의 존재에 눈을 향하게 되기 위한 것이다. 그리고 하나님 앞에 '기뻐하는 것'과 '생각하는 것'이 습관이 되면 우리는 형통한 날의 '교만'과 곤고한 날의 '절망'에서 해방될 것이다.

이 사건 해결의 배후에는 키무라 씨의 '악은 절대로 용서할 수 없다'라는 강한 신념과 '어떤 희생을 치러서라도 포기하지 않고 진실을 밝히고 싶다'라는 집념이 있었다.

"구하라 그리하면 너희에게 주실 것이요, 찾으라 그리하면 찾아낼 것이요, 문을 두드리라 그리하면 너희에게 열릴 것이니"(마 7:7)

똑같이 하나님은 압도적인 정열을 가지고 자신과 하나님의 나라를 찾는 것을 우리들에게 간절히 바라신다. 그리고 하나님은 이렇게 적극적으로 찾는 자에게 응답해 주시는 것이다.

file_05 두 번째의 상속으로 알게 된 것

**아버지의 유산상속 뒤에 돌아가신 아버지의 후처인 양모.
그러나 양모에게는 상속인이 따로 있었다.**

*
**

의뢰자인 이마다 신지 씨(가명)의 아버지 이마다 코우스케 씨(가명)는 일본 효고현 아시야시의 고급주택가에 조상 대대로부터 땅을 소유하는 자산가였다. 그는 15년 전에 돌아가셨다. 법정상속인은 코우스케 씨의 자식인 신지 씨와 코우스케 씨의 아내인 미키코 씨(가명)였다. 신지 씨는 코우스케 씨의 전처(신지 씨가 어렸을 때 사망)의 자식이고 미키코 씨는 후처이다. 그리고 신지 씨와 미키코 씨는 양자 결연 관계를 맺었다. 미키코 씨가 오랫동안 아시야시의 집에서 코우스케 씨와 같이 살아왔고, 신지 씨는 멀리 살고 있었기 때문에 아시야시에 있는 땅과 집(시세로 약 3억 엔)은 미키코 씨, 주식과 예금은 신지 씨가 각각 코우스케 씨의 유산으로 취득하는 것으로 양쪽이 합의했다. 그 배경에는 미키코 씨가 앞으로 사망하게 되면 아시야시에 있는 땅과 집도 결국 양자인 자기 것이 될 것이라고 신지 씨는 계산하고 있었다. 그리고 최근에 미키코 씨가 돌아가셨다.

예정대로 부동산 명의를 변경하려고 사법서사(司法書士)에게 미키코 씨의 제적 등본 등을 신청한 신지 씨는 몹시 놀랐다. 뜻밖에도 미키코 씨에게는 코우스케 씨와 결혼하기 전에 다른 사람과 이혼한 경험이 있고 첫 번째 결혼한 사람과의 사이에 태어난 자식들이 있는 것이 밝혀졌다. 신지 씨는 급히 그 사람들에게 사정을 설명하고 상속권을 포기해 달라고 편지를 썼지만 답은 "No"였다. 이대로는 조상대대로부터 받은 땅 3분의 2를 전혀 모르는 사람들에게 빼앗기게 될 것이다. 신지 씨는 곤란해져서 나에게 상담하러 왔다.

미키코 씨는 젊었을 때 결혼했지만 시어머니와 잘 맞지 않아서 두 아이를 낳은 다음에 바로 이혼을 당하고 집에서 내쫓겼다. 두 아이들도 어머니를 전혀 기억하지 못하는 상태였다. 하지만 그 자식들은 양보하지 않았다.

"어머니가 없어서 우리는 살아오면서 많은 고생을 했다. 어머니로부터 받을 수 있는 상속권이 있으면 당연히 그것을 주장한다."

나는 법률상으로 틀림없이 이 사람들에게도 3분의 1씩의 권리가 있고, 유산분할 조정을 해도 이익은 적을 것이라고 생각하고 이 사람들과 직접 교섭을 시도했다. 그리고 결국은 수천만 엔의 금전을 신지 씨가 두 사람에게 주는 대신에 그들이 상속권을 포기하는 것으로 그럭저럭 매듭을 지었다.

본 사건은 상속인이 자기만이라고 쉽게 생각했던 신지 씨의 오해가 일으킨 사건이었다. 다행히 해결이 잘되었지만 따져서 말하면 코우스케 씨가 사망하고 부동산 명의를 미치코 씨로 하려고 한 시점에서 미치코 씨가 사망했을 때의 상속인이 누가 될지를 잘 확인해야 했었다.

장래에 대비해서 상속권을 확인하는 것은 매우 중요하다. 천국의 상속권에 대해서도 마찬가지다. 누구나 언젠가는 꼭 이 땅에서 떠나는 날이 온다. 그때 영원한 생명의 소망을 가지는 사람은 복이 있다. 당신은 천국의 상속권을 정말로 가지고 있는가? 그것을 받는 방법은 하나 밖에 없고 이 점에서 오해를 하면 나중에 신지 씨처럼 돌이킬 수 없게 된다.

성경은 이렇게 말한다.

"우리로 그의 은혜를 힘입어 의롭다 하심을 얻어 영생의 소망을 따라 상속자가 되게 하려 하시이라."(딛 3:7)

그리스도의 은혜로 하나님 앞에서 의롭게 된다. 이 것을 확신할 수 있는 사람은 정말로 복이 있다.

 간호하고 있다고 하지만

**노인의 머리맡에 도시락과 물. 몸 전체에는 멍이 있음.
간호를 잘하고 있다며 다른 사람은 얼씬도 못하게 한다.**

**

의뢰인 히고 미카코 씨(가명)는 요양사인데 한 가정의 문제로 상담하러 오셨다. 그 가정은 84세 여성 타나카 유코 씨(가명)와 유코 씨의 아들 타나카 히토시 씨(가명), 유코 씨의 손녀 타나카 히데미 씨(가명) 등 3인 가족이다.

몇 년 전부터 유코 씨가 자리보전하게 된 계기로 히데미 씨는 퇴직하고 유코 씨의 간호에 전념하게 되었다. 그러나 히고 씨가 이 가정을 방문할 때마다 보이는 것은 유코 씨의 머리맡에 있는 도시락과 물이 들어 있는 컵,

그리고 유코 씨의 몸의 멍이었다. 도저히 인간적인 대우를 받고 있지 못하는 것 같았다.

히데미 씨는 하루에 한두 번 도시락을 사 오고 유코 씨에게 먹이고 있었다. 히고 씨는 유코 씨의 건강상태를 걱정하고 히토시 씨와 히데미 씨에게 "좀 더 영양가가 높은 것을 드려라"라고 조언했는데 그들은 조금도 귀를 기울이지 않았다. 간호와 학대는 표리일체(表裏一體)이다. 간호로 지친 가족이 학대의 길로 들어서는 사례를 많이 봤던 히고 씨는 간병인을 쓰도록 제안했지만 공적인 간호보험의 제도가 아직 없을 때라서 히토시 씨는 '돈이 든다'며 이것을 거부했다.

히고 씨가 조사해 본 결과 유코 씨는 지금 살고 있는 건물 이외에도 부동산과 예금 등 상당한 자산이 있고 간병인을 이용할 정도 충분히 있는 것을 알게 되었다. 유코 씨에겐 이미 결혼한 두 딸이 있고, 히토시 씨를 포함한 세 자녀가 법정상속인 것이 밝혀졌다. 그리고 히고 씨는 이렇게 결론을 내렸다.

"히토시 씨와 히데미 씨의 속마음은 유코 씨가 빨리 죽기를 바라는 것이 아닐까? 유산을 받고 싶어서 다른 친척의 체면상 자신들이 끝까지 유코 씨를 돌보고 있었다는 증거를 남기기 위해 현실적으로 돌보는 것이 아닐까?”

그의 추론은 맞는 것 같았지만 그것은 변호사가 조사할 수 있는 영역이 아니고 다른 전문 기관에 맡기기로 했다.

“일정한 재산이 없으면 올바른 마음도 없다.”

맹자는 삶의 안정은 마음의 안정에 필요한 것이라고 했다. 또 재산이 있어야 비로소 미래를 꿈꿀 수 있게 될 때도 있다. 우리가 살고 있는 동안에는 어쩔 수 없이 재산은 중요하다. 하지만 재산이 마음을 지배하면 히토시 씨와 히데미 씨처럼 인간성이 비뚤어질 때가 있다.

일본의 사이고 타카모리는 “자손을 위해 기름진 땅을 사지 않는다.”라고 했는데 유산에 얽히는 골육상쟁(骨肉相爭)을 보면 그것도 또한 납득이 간다.

다만 재산 자체는 결코 나쁜 것이 아니지만 과도하게 재산에 애착을 가지거나 희망을 거는 것이 나쁜 것이다. 재산을 위해 사는 자가 아니고, 재산을 현명하게 사용하는 자가 되면 좋지만 그것은 누구나 쉽게 할 수 있는 것이 아니다. 그래서 성경에 나오는 다음과 같은 유명한 기도가 참고가 된다.

"곧 헛된 것과 거짓말을 내게서 멀리 하옵시며 나를 가난하게도 마옵시고 부하게도 마옵시고 오직 필요한 양식으로 나를 먹이시옵소서. 혹 내가 배불러서 하나님을 모른다 여호와가 누구냐 할까 하오며 혹 내가 가난하여 도둑질하고 내 하나님의 이름을 욕하게 할까 두려워함이니이다."(잠 30:8-9)

유언장은 썼지만

**먼 친척밖에 없어 교회에 유산을 보내고 싶다고
적혀 있는 유언장에는 날짜가 적혀 있지 않았다.
은행에서는 무효라고 하고...**

**

"이것 좀 보세요."

의뢰자인 하다 요시카즈 목사(가명)는 서류를 꺼내
며 말했다. 그것은 히라타 야수코 씨(가명)가 직접 적은
유언장으로 가족이 없는 그녀가 '그리스도를 믿는 기쁨
과 평안으로 유산(예금)을 전부 다 교회에 헌금으로 드린
다'라는 내용이 쓰여 있었다. 끝까지 대충 훑어보고 나서
나는 아연실색했다. 유언장의 어디에도 작성날짜가 쓰여
있지 않았기 때문이다. 유언이 효력이 있기 위해서는 유
언자가 유언의 전문장, 날짜, 성명을 직접 적고 거기에
도장을 찍어야 한다. 날짜가 없는 유언장은 무효이기 때

문이다.

하다 목사에 따르면 야수코 씨가 사망한 후에 예금
이 들어 있는 은행에 유언장을 가지고 갔는데 유언장이
무효이기 때문에 예금해약을 할 수 없었다고 한다.
“역시 어쩔 수 없겠지요?”
하다 목사는 거의 포기하고 있었다. 내가 무심코 유
언장이 들어 있었던 봉투를 보니 뒷면에 희미한 글씨로
날짜가 적혀 있었다.
‘이것이 유언장에 있었으면….’
그렇게 생각한 순간 한 재판판례의 아련한 기억이
머리에 스쳤다. 나는 우선 유언장을 보관해 두고 T은행
과 교섭을 시작했다.

T은행은 예상대로 유언장은 무효이고 모든 법정상
속인의 동의가 없으면 예금해약은 인정하지 못한다고 주
장했다. 법정상속인은 야수코 씨의 이복형제의 조카와
조카 딸 등 모두 7명이고, 그들은 멀리 살고 있어서 야
수코 씨와 거의 왕래가 없는 사람들인 것 같았다. 이들
의 동의를 얻는 것은 시간이 걸리고 무엇보다도 ‘유언장

은 무효이므로 교회에 증여하는 것은 인정하지 못한다.'
라고 하면 모두 물거품이 된다. 그래서 나는 T은행에 '한
가지 사실'을 지적하여 은행이 예금해약에 응하지 않으면
재판을 일으키겠다고 전했다. T은행은 놀랐지만 잠시 후
에 답을 전해왔다.

"고문 변호사와 상담을 했는데 이번 건에 대해서는
예금해약에 응하기로 했습니다."

내가 T은행에 지적한 '한 가지 사실'은 봉투에 날짜
를 적은 경우에도 유언장으로서 유효가 되는 경우가 있
는 것을 인정했던 과거의 재판판례였다. 그것은 약 50년
전 있었던 후쿠오카 고등재판소의 한 판결이었지만 아무
리 오래된 것이라도 권위 있는 재판소의 판례이고 T은행
은 그것에 따라 유언장의 유효성을 인정하지 않을 수 없
었다.

일본의 한 고등재판소의 오래된 판결마저 이러한 권
위가 있다고 하는데 하물며 전 우주를 창조하신 분의 권
위는 얼마나 절대적인 것이겠는가.

"너희도 그 안에서 충만하여졌으니 그는 모든 통치

자와 권세의 머리시라.”(골 2:10)

　　성경은 그리스도께서는 모든 만물을 다스리시는 영적인 권위가 있다고 한다. 그래서 이분의 권위 밑에서 이분을 따라 순종하며 살 때 우리는 우리를 묶고 있는 악의 세력과 스스로는 빠져 나올 수 없는 결박으로부터 자유로워져 충만한 삶을 살 수 있게 되는 것이다.

file_08 상속인은 놀랍게도 50명

**땅을 샀는데 매도자가 소유권 이전 등기 수속을
제대로 하지 않았다. 등기하려고 조사했더니,
놀랍게도 매도자의 법정상속인이 50명이나 있었다.**

******

아버지가 돌아가셔서 법정상속인이 유산분할협의를 하려고 했는데 등기부 등본을 떼어보니 명의가 아버지 대신에 조부로 되어 있고 유산상속등기를 하기 위해서는 조부의 법정상속인인 아버지의 형제들 혹은 그 자식들의 동의가 필요한 경우는 자주 있는 이야기이다.

그래도 속속들이 아는 친척이라면 그다지 문제는 없지만 제2, 제3의 상속인이 발생해서 먼 친척이 많아지면 쉽게 동의를 받을 수 없는 경우도 생기고 문제가 커진다. 상속으로 땅을 취득한 사례는 아니지만 다음과 같은 비슷한 사건이 있었다.

　　1946년 S학교는 통학로로 쓰기 위해 마쓰다 사부로 씨(가명)로부터 그 소유지를 1만 엔에 샀다. 그러나 S학교는 소유권 이전등기를 소홀히 하고 마쓰다 사부로 명의 그대로 50년 동안이나 그대로 두었다. 통학로로 사용하는 동안 곤란한 문제가 계속 발생하자 S학교는 학교 명의로의 이전등기를 의뢰해 왔다. 50년 전의 매매계약서는 간신히 남아 있었지만 제일 큰 열쇠는 마쓰다 씨의 모든 법정상속인이 S학교에 소유권 이전등기를 쾌히 승낙해 줄 것인지였다.

　　곧 법정상속인의 조사를 했는데 예상 이상으로 작업은 난항을 거듭했다. 마쓰다 씨는 1956년에 사망했지만 그때 벌써 아내와 형제 둘, 조카, 조카딸까지 18명, 모두 합해서 21명이 그 법정상속인이 되어 있었기 때문이다. 아내는 나중에 사망하고 그 양자가 아내의 상속인이 되었다. 형제 둘과 조카, 조카딸들 중에서도 나중에 사망한 자가 많이 있어 제2, 제3의 상속이 발생한 결과 최종적으로 현재의 모든 상속인을 합하면 놀랍게도 50명에 달한 것을(게다가 전국에 흩어져 삶) 알게 되었다. 이렇게 많은 사람과 일일이 교섭하면 시간이 걸리기 때문에 할 수 없이 50명 모두를 상대로 소송을 제기하기로 했다.

"나에게는 전혀 상관이 없는 것인데 왜 내가 피고인이 되지?"

많은 사람들한테서 똑같은 질문을 받았다. 50년 전의 토지매매의 사실과 선조 마쓰다 사부로 씨에 대해서 대부분의 사람들이 모르는 것이어서 이런 질문을 하는 것은 당연했다. 그러나 마쓰다 씨와 그들 50명은 혈연관계에 있었다. 그러므로 본인들 의사에 관계없이 50년 전에 마쓰다 씨가 했던 행위가 그들에게 영향을 미치게 된 것이다.

오해하는 사람들도 많지만 성경은 개인주의의 기본이 되는 개인의 존엄과 같이 공동체의 소중함도 가르치는 책이다. 성경책을 보면 하나님의 은혜는 반드시 개인적인 측면뿐만 아니라 공동체적인 측면도 있는 것을 알 수 있다.

"나를 사랑하고 내 계명을 지키는 자에게는, 천 대까지 은혜를 베푸느니라."(출 20:6)

하나님에 대한 우리들의 믿음 자세가 자기뿐만 아니라 우리들의 가족, 친척, 자손까지 영향을 미치는 것이다. 이렇게 우리의 인생은 우리가 생각하는 이상 큰 사명과 책임이 있는 것이다.

남편을 잃은 후 유산을 받아 시댁과는 결별을 선언

**시아버지가 돌아가시고 남편도 죽었다.
남편 명의의 본가 유산 3분의 2를 가지고 친정으로 간 며느리**

　　전쟁 전에는 사람들은 여자가 결혼하면 남편 '집'의 일원이 되어 가부장적 제도 밑에서 시부모를 잘 섬기는 자로 여겨졌다. 또 아내는 부부관계와 사회관계에서는 남편의 종속물로 생각되었다. 이것에 대해 전쟁 후, 신민법은 '집' 제도를 폐지하고 개인의 존엄과 남녀의 본질적인 평등을 강조하며 가치관의 큰 변화를 추구했다. 결혼에 따라 부부는 새 가정을 이루는 것으로 생각하고, 법적으로 며느리는 시집의 일원이 아니게 되었다. 그리고 여자의 지위는 비약적으로 향상했다. 그러나 옛날의 습관이 뿌리 깊게 남아 있는 농촌에서는 아직까지 며느리를 전쟁 전과 같이 취급하는 것이 적지 않고 내가 담당한 농촌의 이혼사건도 옛날 습관에 못 견딘 아내가 이혼을 요청하는 사례가 대부분이었다.

그러나 전쟁 후 50년 이상이 지나고 농촌도 완전히 바뀌었다고 생각되는 사건이 하나 있었다.

한 농가에 시집 왔던 나카무라 레이코 씨(가명)는 남편과 시부모와 같이 살고 있었는데 1년 후에 시아버지, 2년 후에 남편이 잇따라 갑자기 죽었다. 나카무라 씨 집의 자택과 논, 밭 등 재산은 이미 남편의 명의로 바뀌어 있어, 레이코 씨가 유산의 3분의 2, 그리고 시어머니가 3분의 1의 상속권을 가지고 있었다. 시어머니도 나이가 많고 몸이 약해서 시중이 필요한 상태였지만 레이코 씨가 남편이 사망한 후 바로 친정집에 돌아갔기 때문에 남편의 누나인 미야시로 토모코 씨(가명)가 할 수 없이 돌아와서 자기 어머니의 시중을 들고 있는 상태였다.

게다가 레이코 씨가 남편의 저금과 예금뿐만 아니라, 나카무라 씨의 땅까지 상속권을 요구했기 때문에 미야시로 씨가 화가 나서 나에게 교섭을 의뢰한 것이다. 레이코 씨는 남편이 죽었으므로 친딸인 미야시로 씨가 시어머니를 돌보고 있고, 또 법률에 따라 남편의 상속권을 주장하는 것은 당연하다고 주장했다. 끈기 있게 교섭한 결과 미야시로 씨가 시어머니의 시중을 들고 있으므로 유산은 저금과 예금만 레이코 씨에게 주는 것으로 결정되었다. 전쟁 전에 과부는 "열녀는 불경이부"(烈女不更二夫, 열녀는 남편이 죽어도 재혼하지 않는다.)이라고 해서 시집에 얽매였다. 그것도 문제이지만 일방적으로 시어머니를 버리는 행위도 문제이다. 타산적인 이해관계가 대립하는 재산문제와는 다르고 이론으로 잘라 말할 수 없는 감정적인 문제를 법으로 해결하는 것이 정말로 어렵다는 것을 다시 느꼈다.

이러한 며느리와 시어머니의 문제를 대할 때마다 생각나는 것이 성경의 룻기이다. 이스라엘 사람인 나오미의 아들은 모압 사람인 여성 룻과 결혼하고 사망한다. 나오미는 룻이 친정집에 돌아가서 다시 결혼하는 것을 권한다. 그러나 룻은 반대로 이렇게 말한다.

"내가 어머니를 떠나며 어머니를 따르지 말고 돌아가라 강권하지 마옵소서. 어머니께서 가시는 곳에 나도 가고 어머니께서 머무시는 곳에서 나도 머물겠나이다.

어머니의 백성이 나의 백성이 되고 어머니의 하나님이 나의 하나님이 되시리니"(룻 1:16)

　　나오미와 인생을 같이 살겠다는 결심을 표명하는 것이다. 이렇게 자기 자신보다 상대를 생각해 주었던 이 두 사람은 결과적으로 큰 행운을 만나게 되었다. 그녀들의 신앙에 의해 맺어진 사랑의 인연 속에 며느리와 시어머니 관계를 뛰어 넘는 커다란 비결이 있다고 생각할 수밖에 없다.

file_10 돈이 아니고 꿈을 상속

**재산 가치는 거의 없는 산림이지만 돈을 상속하기보다
거기에 장래의 꿈을 그리고 싶어서 상속했다.**

******

일본 코우치현 경계에 가까운 일본 토쿠시마현 카이후군 카이요우동에 장장 4km나 궁형으로 계속되는 모래톱이 있다. 백사청송(白砂靑松)으로 알려진 오오사토 마츠바라이다.

초여름의 보름달이 뜬 밤에는 바다거북이가 산란 때문에 온다. 이 해변가에서 바닷바람을 쐬면서 파도 소리에 몸을 맡기고 있으면 마음이 정화될 것 같다. 프로골퍼인 오자키 마사시 씨도 젊었을 때 이 해변가에서 달리고 있었다고 하는데, 나도 한 사건 때문에 몇 번인가 이 경

치에 취해서 잠깐 일을 잊고 자연의 신비로움을 만끽했
다.

　이곳에서 태어나 자란 후쿠이 토시이치 씨(가명)가
돌아가셨다. 상속인은 아내와 장녀인 혼다아키코 씨(가
명), 장남인 후쿠이 요시오 씨(가명)와 차남을 포함해서
모두 4명이었다. 유산의 대부분은 자택, 논밭, 산림 등
이었다. 장남인 요시오 씨가 유산분할협의를 맡아보고
자기 자신은 자택과 땅 등 모두를 상속 취득하는 것 대신
에 다른 상속인에게는 대상금(원래의 급부 대신 전보(塡
補) 배상금)을 받는 것을 제안했지만 아키코 씨가 그것을
거부해서 요시오 씨가 유산분할 조정소송을 제기했다.

　의뢰자인 아키코 씨(64세)는 일본 동경에 살고, 생
활이 전혀 변하지 않았지만 돈보다 카이요우동에 있는 땅
에 마음이 끌렸다. 그녀에게는 꿈이 있었다. 도시에서 크
리스천이 된 아키코 씨는 토시이치 씨에게 열심히 복음을
전했다. 그 결과 토시이치 씨는 돌아가시기 바로 전에 세
례를 받고 평안한 가운데 돌아가셨다. 아키코 씨는 더욱
더 고향 사람들의 구원과 평안을 바라고 기독교 노인 간
호시설을 카이요우동에 세우고 싶었다. 그것 때문에 아

버지가 남긴 땅을 취득하고 부지로서 기증하고 싶다고 생각한 것이다. 그러나 그녀의 소망은 헛된 것이 되었다. 조사 결과 카이요우동에서 노인 간호시설 건설은 어려운 것으로 밝혀졌다.

또 아키코 씨가 모든 땅을 취득하게 되면 반대로 다른 상속인에게 대상금을 지불해야 되는데 아키코 씨에게 그만큼의 자금 여유는 없었다. 현실을 보면 아키코 씨의 꿈은 이루어지지 않을 것 같았지만 그녀는 포기하지 않았다. 많은 망설임 끝에 그녀는 자택과 논밭 등 평가액이 높은 땅은 요시오 씨 등에게 주고 평가액이 낮은 산림을 받는 것으로 결단했다. 보통의 경우라면 나도 경계선도 애매하고 가치도 낮은 산림을 취득하는 것이 도대체 무슨 도움이 되겠는가라고 조언을 했을 것이다.

"풍광명미(風光明媚, 경치가 매우 아름다움)의 이 땅에서 앞으로 산림을 개발하여 교회와 기도원, 보양소를 세워 주는 사람이 꼭 있을 것이다."

그때 끝까지 꿈을 계속 추구하는 아키코 씨의 나이를 전혀 느끼지 못하는 정열에 나도 질 수밖에 없었다. 지금도 아직 산림은 개발되지 않았는데 아키코 씨의 의지를 이해하고 현지를 조사하러 오는 사람이 있다. 언젠가 꼭 아키코 씨의 꿈이 이루어질 날이 올 것이다.

성경 안에 "… 믿음, 소망, 사랑, 이 세 가지는 항상 있을 것인데…"(고전 13:13)라고 했듯이 64세가 되어도 하나님을 계속 의지하고 하나님과 고향 사람들을 사랑하고 그 희망을 전혀 버리지 않는 아키코 씨에게서 나는 이 성경 말씀의 진실을 보았다.

DNA 감정으로 매듭진 인지청구사건

**서자(서출)이기 때문에
계속 푸대접을 받은 인생에 겨우 결말을 냈다.
어떻게 하면 구원의 증인을 받을 수 있을까?**

혼인관계가 있는 남녀사이에서 태어난 아이를 적자, 그렇지 않는 아이를 서자라고 한다. 적자는 법적으로 인지되지 않는 한 아버지가 없는 자로서 다루게 된다.(어머니와 자식관계는 인지가 없어도 출산의 사실로 인정된다.) 계속 아버지가 자식을 인지하고서야 비로소 아버지와 자식관계가 이어지면 양쪽 간에서 상속권과 부양청구권을 주장할 수 있게 된다.

다음은 후쿠오카 히로노부 씨의 반평생 이야기이다. 어머니인 사다 씨(가명)는 후쿠오카 씨 집에 시집가고 세 자식을 두었지만 남편은 전쟁으로 사망했다. 그래서 사다 씨와 어린 아이들, 그리고 시아버지가 사는 후쿠오카 씨 집에서는 호위꾼으로 친척인 나카타니 시게오 씨(가명)를 그 집에 있도록 했다. 그러나 사다 씨는 나카타니 씨와 깊은 관계에 빠져서 히로노부 씨를 낳았다. 몇 년 후에 나카타니 씨는 위자료를 주고 "앞으로 관계를 모두 끊는다."라는 말을 남기고 집을 나가 다른 여자와 결혼했다.

히로노부 씨는 후쿠오카 씨 집에서 자랐지만 형과 누나들과는 아버지가 달라서 늘 푸대접을 받았다. 또 호적상 아버지가 없어서 취직이나 결혼을 할 때 고생을 많이 해서 사십 세가 넘도록 독신으로 살았다. 그는 계속 견디고 살았지만 "결혼하고 어머니를 안심시키고 싶다.", "오랜 짐을 없애고 싶다."라는 소망이 있어서 나카타니 씨에게 인지조정을 내세웠다.

재판에서도 나카타니 씨는 자기가 아버지인 것을 부인했기 때문에 DNA 감정을 하게 되었다. DNA 감정은 유전자정보(지문과 같이 개인별로 있는 것)가 아버지와 어머니로부터 자식에게 반씩 이어 받을 것으로 주목하고 부모와 자식의 DNA 염기배열을 비교해서 부모와 자식 관계를 감정하는 방법이다. 일찍이 혈액형에 의한 검사 방법을 썼는데 새로이 DNA 감정이 개발되어 100퍼센트 가까이 정밀도가 높은 감정을 할 수 있게 되었다. 결국 이 감정을 통해 히로노부 씨와 나가타니 씨의 아버지와 자식 관계를 강력하게 추정할 수 있는 결과가 나와서 히로노부씨의 오랜 세월의 비원이었던 아버지가 판결로 인정되었다.

그런데 세상에서는 구원은 자기 노력으로 얻을 수 있다고 생각하는 사람이 많은데 정말 그런 것일까?

성경은 이렇게 말한다.

"그 안에서 너희도 진리의 말씀 곧 너희의 구원의 복음을 듣고 그 안에서 또한 믿어 약속의 성령으로 인치심을 받았으니 이는 우리 기업의 보증이 되사 그 얻으신 것을 속량하시고 그의 영광을 찬송하게 하려 하심이라."(엡 1:13-14)

하나님의 구원의 기준은 사람의 노력과 행동이 아니고 구원의 복음(예수가 우리의 죄를 위해 십자가 위에서 죽으시고 3일 만에 다시 살아나신 것)을 믿는 것이다. 그리고 구원을 받은 자에게는 천국을 이어 받을 보증으로 성령의 낙인을 받을 것이다. 이 낙인이 구원을 받는지를 판단하는 결정적인 증거이지만, 아쉬운 것은 이것을 구별하는 감정 방법은 아직까지 개발되지 않았다는 것이다. 그러므로 우리가 하나님의 법원에서 설 때 그 증거가 누구에게도 확실히 된다.

몬스터 페어런트의 클레임

몬스터 페어런트가 태어난 배경은 무엇일까?
다른 사람에게서 받기만을 원하는
세상 풍습과 역행(逆行)하는 예수의 교훈.

"몬스터 페어런트"라는 TV드라마가 화제가 되고 있다. 이것은 학교측에 자기중심적이며 무리한 요구를 반복하는 보호자가 급속히 늘어나는 것을 반영한다. 다만, '자기중심적이고 무리한 요구'와 '정당한 요구'는 구별이 필요하므로 '몬스터 페어런트'(monster parent, 생략해서 '몬페')라는 말은 반대로 정당한 요구를 위축시키거나 보호자와 학교의 대립을 선동하는 가능성이 있기 때문에 신중하게 사용해야 한다.

무리한 요구가 늘어난 것은 1990년대 후반부터이

며, 그 원인으로 두 가지를 들 수 있다.

첫째, 거품경제(Bubble Economy) 붕괴 후에 오는 사회전체의 폐색감(閉塞感)(즉, 경제, 생활면에서 여유가 없고 정신적으로도 절박해짐)에서 오는 스트레스의 배출구로서 학교가 대상이 된 것이다.

둘째, 보호자가 소비자의식(동일한 돈을 지불했다면 같은 상품을 구입할 권리가 있다)으로 교육 서비스를 받게 된 결과 '자기 자녀가 다른 아이보다도 나쁜 대우를 받는 것에 대해 참을 수 없다'는 등의 지적이다.

오기 나오키 씨의 글을 인용하여 무리한 요구를 좀 더 구체적으로 살펴보자.

첫째, 학교의존형: "우리 아이를 아침에 깨워 주세요", "학교 서클에서 입은 체육복은 학교에서 세탁해 주세요."

둘째, 자기중심형: "우리 아이에게 연극 주역을 맡게 해 주세요.", "우리 아이가 사진의 한 가운데에 찍히지 않았어요."

셋째, No Moral형: 새벽이나 밤늦게 선생님을 집으로 오라고 전화함, 자기 아이가 충고를 받은 것에 반발

하여 학교 교무실에서 오랜 시간 감정적으로 대응함.

넷째, 권리주장형: "우리 아이는 감기 때문에 결석했으니 급식비를 돌려주세요.", "운동회 총소리가 시끄러우니 위자료를 청구하겠다."

특히 심각한 문제는 변호사에게 상담하는 경우도 늘어나고 있다는 점이다. 내 의뢰인 중에는 "저는 몰페가 아니지만…"이라고 먼저 언급한 후, 아이에 대한 교사의 훈계 방법이 나쁘다는 이유로 그 교사의 퇴직과 위자료를 요구하는 사례도 있었다.

이러한 무리하고 억지스런 요구는 단지 학교만의 문제가 아니라 관공서나 기업 등 사회 전반에 급격히 확산되는 풍조이기도 하다.

"'자신의 문제라고 받아들이고 이 문제를 위해 무엇을 할 수 있을까?'를 생각하는 문화에서 '자신의 문제라고 받아들이지 않고 다른 사람이 자기를 위해서 무엇을 해줄까?'를 생각하는 문화로 전환된 것이 이 의식의 배경에 있다."

이렇게 어느 전문가가 지적했는데 그 말이 맞는 것 같다. 이러한 시대이기에 예수의 말이 더욱 찡하고 가슴에 와 닿는 것 같다.

"주라. 그리하면 너희에게 줄 것이니 곧 후히 되어 누르고 흔들어 넘치도록 하여 너희에게 안겨 주리라. 너희가 헤아리는 그 헤아림으로 너희도 헤아림을 도로 받을 것이니라."(눅 6:38)

자기가 사랑을 받는 것, 무엇이든 받을 것만을 생각하는 사람은 그것이 조금이라도 충족되지 않으면 상대를 비난하고 불만을 한다. 그 결과 타인의 사랑을 반대로 잃어버린다. 그러나 사람을 적극적으로 사랑하고 타인에게 나누어 줄 수 있는 사람은 타인으로부터 넘치는 사랑을 받을 수 있다. 결국 다른 사람이 자기에게 어떤 태도를 보이는지는 자기가 그에게 취하는 태도로 정해지는 것이다.

사람의 나이와 세대에 따라 다르게 나타나는 이혼 사유

**세대가 바뀌면 이혼의 이유도 바뀐다.
그러나 모든 세대에 공통되는 것이 있다.
당신에게 전해 주는 이혼을 피하는 특별한 방법**

**

내가 지금까지 이혼 상담을 받은 의뢰인 중에 최고령자는 82세 남성이었다. 처음에는 그분의 아드님의 이혼 이야기라고 생각했었는데 바로 본인의 이야기라는 것을 알고는 아연실색(啞然失色)했다.

"유산을 아내에게 주고 싶지 않다."

그의 이혼 사유는 고령자가 아니고는 할 수 없는 이유였다. 보통 이혼 사유에는 성격의 불일치, 남편의 DV(가정 내 폭력), 부정(不貞), 낭비 등 나이에 관계없는 보편적인 경우도 있지만, 이렇게 나이와 각 세대별로 특이한 사례도 적지 않다. 나이와 세대별(이 구별은 대략이지만) 이혼 사유의 경향을 살펴보도록 하자.

우선 60대 단혼 세대(제2차 세계대전 직후 1947~49년경에 태어난 세대), '회사 생활 중심인 남편 VS 자립지향적인 아내'라는 대립구조를 기본으로 한 그들은, 평균 수명이 길어진 두 사람만의 노후생활을 아내가 남편을 위해 애쓰고 싶어 하지 않고 자기 자신을 위한 인생을 살아가고 싶다고 생각하는 경우가 많은 것이 특징이다.

다음에는 50대 포스트 단혼 세대 이후, 이 연대는 아직 자식 때문에 돈이 많이 드는 나이임에도 불구하고 오랫동안 이어진 불경기의 영향으로 해고를 당하거나 월급이 줄었거나 또 도산의 쓰라림을 겪게 된 경우도 많아 (이미 나이 때문에 회복하기 어려운 세대), 이러한 이유 때문에 가정의 경제적 위기가 이혼으로 이어지는 경우도 적지 않다. 부모의 간호문제가 가정을 뒤 흔들 때도 있다.

40대 신인류 세대. 맞벌이 부부가 늘어나며, 아내의 사회적 진출에 따라 집안일을 잘 해내지 못하는 아내에 대한 남편의 불만, 아내의 불륜 문제 등 아내에게 원인이 있는 이혼이 늘어나는 것이 특징이다. 사춘기의 자식의 교육문제가 부부사이의 불화를 일으킬 때도 많다.

그리고 30대 단혼 주니어 세대(단혼 세대의 자녀에 해당하는 세대). 아내가 가게를 유지하기보다 자기실현을 위해 일하게 되었다. 남편은 경제력을 갖춘 아내에게 질투하고 아내에게 "가정과 일 중 어느 것이 더 중요하냐?"며 불평을 하게 되는 단혼 세대와의 역전 현상도 보인다.

마지막으로 20대. 이 세대는 만남 사이트 등 인터넷에서 만나서 쉽게 결혼하는 커플이 늘어나지만 결혼생활의 현실감, 책임감이 부족하고 "다른 여자를 좋아하게 되어서", "남편이 운전을 잘 못해서" 등 경박한 이유로 쉽게 이혼하는 경향이 있다. 세대별 이혼의 경향과 대책에 대해서는 나카무라 쿠루미 변호사의 『이혼 안심 강좌』(일본실업 출판사)에 상세하게 나온다. 그 책에서 나카무라 변호사는 "이혼의 원인은 정치 사회 현상과 밀접한 관계를 가지고 있다"고 날카롭게 지적하고 있지만, 그의 의견은 세대별 이혼경향의 핵심을 찌르는 것 같다.

이혼은 틀림없이 그때의 정치, 사회현상과 각각 가

정의 객관적 사정에 따라 좌우되지만, 무엇보다도 큰 이유는 부부 사이의 사랑부족이라는 주관적 요인이 아닐까? 사랑은 무엇인가에 대해 성경은 다음과 같이 정의하고 있다.

"사랑은 오래 참고 사랑은 온유하며 시기하지 아니하며 사랑은 자랑하지 아니하며 교만하지 아니하며 무례히 행하지 아니하며 자기의 유익을 구하지 아니하며 성내지 아니하며 악한 것을 생각하지 아니하며 불의를 기뻐하지 아니하며 진리와 함께 기뻐하고 모든 것을 참으며 모든 것을 믿으며 모든 것을 바라며 모든 것을 견디느니라. 사랑은 언제까지나 떨어지지 아니하되"(고전 13:4~8)

자기 이름을 "사랑"이라는 말에 바꿔 넣어 읽으면 자기가 얼마나 사랑이 없는 자인지 알 수 있게 된다. 그렇다면 사랑이라는 말을 '예수'로 바꿔 놓으면 어떻게 될까? 어쩐지 어울리는 것은 예수가 사랑이기 때문이다. 이 분을 따라갈 때 우리도 사랑의 실천을 할 수 있게 변화된다.

“이(사랑)는 온전하게 매는 띠니라.”(골 3:14)

사랑의 띠로서 서로를 이을 때 당신의 이혼 사유는 반드시 해소될 것이라고 믿는다.

file_14 위자료 1000만 엔을 지불한 이혼사건

**'이혼하면 위자료를 많이 받을 것이다'라고
생각하는 것은 무리일지도 모른다.
설령 고액의 위자료를 받았다 해도 그것에는 많은 희생이 따른다. 우리가
지불해야 되는 위자료까지도
아무런 대가 없이 지불해 주시는 분이 있다.**

*
**

부부가 어쩔 수 없이 이혼하게 되는 경우 결정해야 하는 사안이 여러 가지 생긴다.

첫째, 미성년인 자식의 친권자

둘째, 자식의 양육비,

셋째, 자식과의 면접교섭권,

넷째, 부부의 재산관계의 청산(재산의 분배),

다섯째, 위자료

그 중에 오해의 소지가 많은 것은 위자료에 관한 것이다. 이혼 위자료는 상대쪽의 이혼의 원인이 된 행위에 의해 이혼하는 경우, 그 사람에게서 받은 정신적인 고통을 상대에게 청구할 수 있는 손해배상이다. 바람기, 폭력, 생활비를 주지 않는 경우가 대부분이고 성격불일치나 양쪽에 이혼원인이 있는 경우에는 원칙적으로 위자료는 인정되지 않는다.

그러면 위자료는 얼마정도를 받을 수 있을까? 이혼의 경우는 교통사고의 경우처럼 정해진 기준은 없고 유책성(有責性)의 정도, 고통의 정도, 혼인기간(길수록 고액), 유책자(有責者)의 재력, 손해배상을 청구한 배우자의 재력, 미성년인 자녀의 유무 등 여러 가지 상황을 고려하고 결정하는 것이 일반적이다. 연예인이나 유명한 사람이 수천만 엔에서 수억 엔의 고액 위자료를 받았다 또는 지불했다는 뉴스가 가끔 화제가 되어서 그런지 거액의 위자료를 기대하는 사람이 많은 것 같지만 소송을 일으켜도 위자료가 인정되는 액수는 100~300만 엔 정도가 대부분이고 이것은 세상에서 보통 생각하는 액수보다 낮은 금액이다.

나가사키 마리 씨(가명)는 28세이고 두 아이(2세,

0세)의 엄마이다. 몸 상태가 좋지 않아서 잠깐 친정에서 쉬고 있다가 어느 날 옷을 가지러 집에 갔다. 그런데 회사에 가 있어야 할 남편이 팬티 한 장만 입은 상태로 자고 있고, 화장실에는 팬티스타킹이 벗어 던져져 있고, 방에는 머리핀 몇 개가 떨어져 있고, 휴지통에는 사용했던 콘돔도 들어 있었다.

"회사 여직원이 화장실 때문에 집에 잠깐 들른 것이오."

남편은 궁색한 변명을 늘어놓았다. 그로부터 몇 개월이 지난 후에 마리 씨는 더욱 더 충격적인 광경을 목격했다. 남편이 아내가 모르는 여자와 집 침대에서 자고 있었던 것이다. 게다가 그 여자는 마리 씨의 옷까지 입고 있었다. 다시는 바람을 피우지 않겠다고 맹세했던 남편은 그 후에 두 번이나 같은 것을 반복했다. 조정은 성립되지 않았고, 재판 중에 남편이 위자료를 1000만 엔을 지불하는 것으로 화해 이혼이 성립되었다.

고액의 위자료를 받을 수 있었던 이유는 여러 가지 사정이 고려되었기 때문이다.

첫째, 남편이 바람피우는 횟수가 많고 자택을 이용해서 바람을 피웠기 때문에 아내에게 충격이 컸다.

둘째, 회사임원인 남편의 수입은 많지만 아내는 수입이 없다.

셋째, 양육해야 할 두 어린 아이들이 있다.

성경에도 위자료에 대한 언급이 있는 말씀이 있다.

"성물에 대한 잘못을 보상하되 그것에 오분의 일을 더하여 제사장에게 줄 것이요, 제사장은 그 속건제의 숫양으로 그를 위하여 속죄한즉 그가 사함을 받으리라."(레 5:16)

잘못을 저지르고 주님의 거룩한 것에 대해 죄를 진 사람에게는 희생동물과 처음 것의 속죄제물과 그 1/5이 요구되었는데, 그(1/5)의 덧붙임이 위자료에 상당하는 부분이다. 이것은 구약시대의 율법이고 우리의 죄를 위한 속죄가 예수에 의하여 완성된 신약시대에는 적용되지 않는다. 그것은 예수의 십자가의 희생이 율법의 모든 요구를 채웠기 때문이다. 예수는 우리의 원래 죄의 대가만 아니라 위자료 부분까지 포함해서 하나님에게 지불해 주셨던 것이다. 우리는 예수님으로부터 얼마나 많은 은혜를 입고 있는 것일까?

외숙부가 된 아기

**이혼은 나쁜 것이 아니다?
이혼을 반복하는 부모들에 의해 휘둘려지는 아이들,
결혼과 이혼의 선택 기준이란 무엇일까?**

*
**

일본의 이혼 건수는 1975년에 10만 건, 1996년에 20만 건을 넘어 2002년에는 약 29만 건이 되었다. 그 뒤에 조금씩 줄어들어 2006년에는 약 26만 건이었지만 (그 이유는 다음 페이지에서 설명했음) 여전히 높은 수준에 있다. 약 부부 3쌍에 1쌍의 비율로, 시간으로 비교하면 2분에 1쌍의 비율로 이혼이 성립되는 셈이다.

이혼이 늘어난 이유는 우선 사회의 이혼에 대한 비판적인 의식이 바뀐 것에 있다. 이혼 경험자에 대한 사회인식이 바뀌었고, 이혼을 한다는 것이 부끄럽게 느껴지는 일도 적어졌다. "이혼하는 것은 나쁜 것이다"라는 기

존의 사회통념도 상당히 변화되어 양심의 가책과 옛날의 관례에 얽매이지 않고 쉽게 이혼을 결정하는 경우가 특히 젊은 세대에 늘어나고 있는 추세이다(물론 동정할 만한 경우도 많이 있음). 그리고 여성의 경제적인 자립이 점점 증가하면서 이혼 후의 생활을 덜 걱정하게 되고 이것은, 자녀가 성인이 되고 남편의 정년퇴직을 계기로 헤어지는 황혼이혼을 늘어나게 하는 배경이 되고 있다.

내가 상담원 역할을 하고 있는 한 어린이집에서 다음과 같은 이야기를 들었다. 아이를 맡고 있는 교육 현장에서 어른들의 이혼이 아이들에게 큰 영향을 주는 현실과 이혼과 재혼이 늘어나면서 이제까지는 보지 못했던 복잡한 가정이 늘어나고 있는 것을 듣고 깜짝 놀랐다.

첫 번째는 어린이집에 있는 동안에 성이 4번이나 바뀐 한 어린이의 이야기이다(일본에서는 결혼하면 아내와 자식의 성이 바뀐다.). 이것은 엄마가 이혼과 재혼을 짧은 기간에서 반복해서 아이의 성이 나카타니→ 오오카와 → 후로야마→ 오오카와→ 우츠미(모두 가명)으로 잇달아 바뀐 경우이다.

두 번째는 어린이 집에 입학했을 때는 친구이었던

아이가 졸업할 때는 형제가 된 이야기다. 아오야마(가명)와 아키구치(가명)는 같은 시기에 같은 어린이집에 입학했는데 아오야마의 어머니와 아키구치의 아버지가 불륜 관계가 되어 양쪽 부부가 각각 이혼했다. 그리고 잠시 후 아오야마의 어머니와 아키구치의 아버지가 재혼하고 아오야마가 아키구치의 아버지의 양자가 되어서 두 아이가 형제가 되어버린 것이다.

세 번째는 외숙부가 된 아이의 이야기다. 미야시로 후미에씨(가명, 44살)는 이혼한 남편과의 사이에 태어난 장녀(18살)와 함께 살고 있었는데, 재혼하고 이치로(가명)를 출산했다. 3개월 후에 장녀도 혼인 외(혼인 신고 전에 아이를 출산)의 상태로 지로(가명)를 출산했다. 이치로에게 있어서 지로는 사실상 누나의 아이이고 그 때문에 이치로는 태어난 지 3개월이지만 외숙부가 되어 버린 것이다. 이치로와 지로는 같은 어린이집에 입학했기 때문에, 어린이집에서는 후미에 씨를 '어머니'라고 불러야 할지 '할머니'라고 불러야 할지 많이 망설였다고 한다.

이러한 사례들은 결혼이란 무엇인가 다시 생각하게 한다. 이 질문을 포함해 우리 인생에는 무수히 많은 의문

이 있지만 사람은 하나님에 의해 창조된 존재라는 관점에
서 보면 답이 보이는 것도 상당히 많지 않을까. 하나님이
사람을 남자와 여자로 창조하셨다. 그것은 결혼해서 서
로 일심동체가 되기 위해서라고 성경은 말한다. 결혼도
하나님이 정하신 창조의 질서의 일부인 것을 알게 되면
결혼과 이혼의 선택 기준도 스스로 바뀔 것이라고 생각한
다.

"예수께서 대답하여 이르시되 사람을 지으신 이가
본래 그들을 남자와 여자로 지으시고 말씀하시기를 그러
므로 사람이 그 부모를 떠나서 아내에게 합하여 그 둘이
한 몸이 될지니라 하신 것을 읽지 못하였느냐. 그런즉 이
제 둘이 아니요 한 몸이니 그러므로 하나님이 짝지어 주
신 것을 사람이 나누지 못할지니라 하시니"(마 19:4-6)

연금분할제도로
장년이혼이 급증?

남녀 사이의 불평등을 해소하기 위해
도입된 이혼할 때의 연금분할제도.
그러나 예기치 않은 복병이 숨어 있다.
진심으로 여성의 지위향상에 공헌하기는 하는 걸까?

전 페이지에서 일본의 이혼 건수가 2002년에 절정을 이루었고 그 후 서서히 줄어드는 경향이 있다고 기술했다. 젊은이들의 이혼은 여전히 늘어나는데 장년, 노년층의 이혼이 대폭적으로 줄어들었다. 그 이유는 결코 이혼에 억제가 걸린 것이 아니었다. 2007년 4월부터 시작되는 이혼할 때의 연금분할제도를 기다리는 이혼대기쌍이 장년층에 늘어나고 있었기 때문인 것이다. 그 시기가 오면 중노년층의 이혼 러쉬가 쇄도할 것으로 예상되었다. 2007년은 단흔 세대의 대량퇴직이 시작되는 것이 큰 사회문제였는데 이와 함께 이혼의 증가가 '또 다른 2007년의 문제'가 될 것이라면서 사람들이 걱정하고 있었다.

과연 그 결과는 어떠했나? 2007년 4월에 이혼한 부부는 바로 전해보다 1,349쌍이나 늘어나 23,355쌍이였고, 5월에도 1,008쌍이 늘어났는데 6월은 반대로 1,073쌍이 줄어들었다. 통계의 분석과 앞으로의 추이를 봐야 하겠지만, 장년이혼에 대한 연금분할제도의 영향은 세상에서 시끄러웠던 만큼 그렇게 크지는 않았다.

하마자키 쿠미 씨(가명)도 결국 연금분할의 청구를 하지 않고 이혼했다. 결혼생활 20년 만에 대기업의 부장인 남편과 헤어졌다. 꼼꼼한 성격을 가진 남편이 바람피운 상대 여성과 주고받은 메일을 복사한 것을 가방에 놓고 있어서 바람기가 알려져 버렸다. 이전부터 사소한 것 때문에 무조건 야단맞고 잔소리를 듣는 것에 가만히 참고 살았던 하마자키 씨는 이것을 계기로 이혼하기로 결심하고 조정을 신청했다. 처음에는 남편의 공적연금 분할을 요청했지만 남편이 거부했기 때문에 포기하고, 재산분할과 위자료를 받는 것으로 조기 해결의 길을 선택했다. 하마자키가 연금분할청구를 포기한 이유는 앞으로 받을 수 있는 연금의 예산액수가 그녀가 생각했던 액수(월 약 4만 엔, 일본사회보험사무소에서 확인)보다 훨씬 적기 때문이었다.

남편이 회사원이고 아내가 그냥 주부인 경우에 연금보험료는 남편이 납부하고 노후에는 두 사람이 함께 남편의 국민연금과 공적연금과 아내의 국민연금을 받을 수 있다. 그러나 이혼하게 되면 남편은 국민연금과 공적연금을 받을 수 있지만, 아내는 국민연금밖에 못 받게 되므로 부부간에 연금액수의 차이가 생긴다. 이러한 남녀 간의 불평등을 해소하기 위해 도입된 것이 이혼할 때의 연금분할제도이지만, 이것은 연금을 분할하는 것이 아니라 부부가 이혼하기 전의 공제연금의 표준급여액의 부부의 총액을 분할하는 것이기 때문에 꼼꼼히 따져서 잘 생각해야 한다. 남편이 받는 연금의 반은 무조건 받을 수 있다고 생각하면 하마자키 씨처럼 실망할 것이다.

여성의 지위향상이라는 점에서 성경만큼 크게 공헌하는 책은 없다. 남녀평등의 생각은 최초의 여성인 하와의 창조기사에서도 볼 수 있다.

　　“여호와 하나님이 아담에게서 취하신 그 갈빗대
로 여자를 만드시고 그를 아담에게로 이끌어 오시니”(창
2:22)

　　하나님은 여자를 남자의 발도 머리도 아닌 심장에
가까운 갈빗대로 창조하셨다. 그것은 여자가 남자에게
멸시 당하지도 않고, 또 남자의 머리가 되어 지배하지 않
도록 하기 위한 것이며, 남자와 여자가 서로 똑같은 입장
에서 의지하고 서로를 찾도록 하는 의미가 있다. 남자도
여자도 두 사람 다 한쪽이 없으면 살기 힘들다. 남자와
여자는 서로 하는 역할은 다르지만 인격적인 가치에서는
평등하게 창조된 것이다.

유괴범죄로까지 발전한 학교 교사끼리의 이혼

**크리스마스를 혼자서 지내는 것이 싫어서
흉행을 저지르기에 이른 아버지.
그러나 항상 변하지 않고 같이 계시는 분이 있다.**

**

연말이 다가오면 거리에는 크리스마스송이 들려오고 크리스마스트리가 장식되고 곳곳에는 장식등이 반짝거리며 사람들의 눈길을 모은다. 크리스마스는 일본의 연중행사로서 완전히 정착되었다. '크리스마스는 가족과 즐기는 날'이라고 생각하는 사람이 60%, 또 일본의 독특한 풍조이지만 '크리스마스는 애인과 지내고 싶다'라고 생각하는 독신자가 약 70%를 차지한다고 한다. 이러한 독특한 분위기 안에서 크리스마스를 혼자서 지내는 것은 뭐라고 말할 수 없는 외로움이 복받치는 것 같다. 이 시기가 되면 생각나는 사건이 있다.

　　야마오카 코우이치 씨와 토시에 씨 부부(가명)의 이혼사건이다. 야마오카 씨 집은 오래된 농가이고 부모님과 같이 사는 것이 결혼의 조건이어서 토시에 씨는 망설였지만 자기와 똑같은 교사인 코우이치 씨를 믿고 결혼을 하기로 했다. 그러나 야마오카 씨 집은 상상했던 것보다 더 봉건적인 가정이고 특히 금전적으로 토시에 씨에게 참도록 강요했다. 남편의 월급은 모두 저축하고(다만 자유롭게 쓰지 못함.), 토시에 씨의 월급은 10만 엔을 시부모에게 주고 나머지 13만 엔은 가족의 생활비로 쓰도록 했다. 시아버지 명의의 부동산 고정자산세와 건강보험에 가입하지 않은 시부모의 병원치료비도 모두 다 토시에 씨가 부담했다. 게다가 시부모는 토시에 씨를 차가운 태도로 대하며 심하게 욕을 퍼부었다.

　　"너 같은 사람은 아이를 낳기 위해 배를 빌린 것뿐이다."

　　자기 월급으로 옷 한 벌도 사 입지 못하고 야마오카 씨 집의 노동자로밖에 대접받지 못하는 생활에 더 이상 견딜 수 없어서 토시에 씨는 결혼한 지 6년 만에 딸을 데리고 친정집에 돌아갔다.

이혼 조정에서는 자식의 친권을 둘러싸고 크게 대립했다. 야마오카 씨의 가족은 딸을 돌려달라고 강요했다. 그리고 조정이 성립되지 못하고 끝났는데 그 해 12월 20일에 사건이 일어났다. 코우이치 씨가 딸이 다니는 유치원을 찾아가서 유치원에서 나오는 딸을 강제로 차에 태워 그대로 사라진 것이다.

아버지가 법인이었지만 경찰은 유괴사건으로 수사했다. '코우이치 씨가 딸과 억지로 동반자살을 하는 것이 아닐까'라는 정보가 있어서 긴박한 날이 계속되었지만 25일의 밤이 되어 갑자기 코우이치 씨는 딸을 데리고 돌아왔다. "크리스마스 날에 혼자 있는 것이 너무 허전했습니다."

코우이치 씨는 딸을 유괴한 동기를 밝혔다.

천지만물을 창조하신 하나님은 사람들에게는 너무나 위대하고 가까이 가기 어렵고 멀리 떨어져 계시는 분인 것 같지만 실은 우리에게 많이 관심을 가지시고 우리의 약한 점과 고민과 괴로움을 이해하고 도와주시는 분이기도 하다. 하나님은 스스로 우리 인간과 같은 모습(예수 그리스도)이 되어 그것을 보여 주셨다.

"보라 처녀가 잉태하여 아들을 낳을 것이요 그의 이름은 임마누엘이라 하리라 하셨으니 이를 번역한즉 하나님이 우리와 함께 계시다 함이라."(마 1:23)

사람으로서 태어난 예수도 그 인격과 일생을 통해서 하나님은 먼 존재가 아니고 우리와 함께 계시는 가까운 존재인 것을 증명하셨다. 우리는 임마누엘의 진실을 체험할 때 고독감과 외로움에서 해방된다. 크리스마스는 그 기쁨이 시작한 것을 축하하는 날이다.

"크리스마스는 외롭다."

이렇게 생각하는 사람이 있으면 꼭 기억하기 바란다. 예수는 당신을 위해 오셨다는 것을.

file_18 장년이혼은 붐이 아니다

**생각은 자유주의적이지만, 전쟁 전의 결혼관에 길들여져
묵묵히 참아왔던 단혼세대(1947~49년 경에 태어난 세대)의 아내.
남편이 정년퇴직을 하기 전 '이혼'이라는 말이 머릿속에 떠올랐다.**

남편이 정년퇴직한 그날. 아내가 갑자기 이혼 이야기를 끄집어냈다. 이것은 2005년에 화제가 된 TV드라마 "장년이혼"의 주제가 된 충격적인 시나리오이다.

경제적으로 문제가 없는 삶. 남편은 폭력을 휘두르는 버릇이 있는 것도 아니고 바람을 피우는 것도 아니다. 아내가 하는 말이 인상적이다.

"나도 주부를 정년퇴직하고 싶어요."

영문도 모르는 채 당황하는 남편. 아내의 막연한 이혼 이유가 오히려 현실감이 있어 공감을 느끼는 시청자 여성들과 마찬가지로 앞으로 자신의 신세를 걱정한 남편들도 많았던 것 같다.

단혼세대가 정년퇴직을 맞이하는 시기와 비슷하게 겹치고, 드라마가 큰 히트를 하면서 '장년이혼'이라는 말은 일약 붐이 되었다. 그 이유 때문인지 최근에 장년층의 이혼 상담이 늘어났다. 단혼세대는 전쟁 후에 자유주의적인 교육의 영향을 받아 개인의 자유를 중시하는 경향이 있으면서 한편으로는 옛날 그대로의 남녀 역할분담의 관습을 그대로 이어받은 세대이다. 남자는 고도 경제성장을 유지해야 되는 기업전사로서 오로지 일만 하고 가정을 돌볼 여유가 없었으며 여자는 전업주부로서 가정을 지켜왔다. 직장의 인간관계 외에는 관계를 맺어오지 못한 남편과 지역 사회를 중심으로 활동해 왔던 아내. 오랫동안 가정을 중심으로는 서로 부딪칠 시간이 없는 생활 방식으로 지낸 부부가 정년퇴직한 후에는 하루 종일 같이 지내게 된 것이다. 생각은 자유주의적이면서 전쟁 전의 결혼관의 관습에 매어 참아왔던 여자의 불만이 여기서 단숨에 폭발했다. 이것이 황혼 이혼의 기본적인 구도이다.

요시다 사요코 씨(가명)도 그 예비군인 셈이다. 1년

후에 정년퇴직을 할 남편과 같이 살 수 있는지 불안해했다.

"가정부와 같은 삶은 더 이상 하기 싫어요."

"남편은 입만 열면 저한테 '여자가 아는 것이 뭐가 있냐?'고 해서 대화를 할 수 없어요."

이에 남편도 반론한다.

"가족을 위해 열심히 일했는데 아내는 감사하게 생각하지 않습니다."

"집에 와서 피곤한데 '밥을 먹는 자세가 좋지 않다'라는 잔소리를 들으면 이야기할 기분이 나지 않습니다."

양쪽의 이야기를 들어 보면 장년층에서 흔히 볼 수 있는 일이지만 그들에게는 서로 간에 대화가 별로 없는 것을 알게 된다. '장년이혼' 붐이 일어나면서 이혼이 쉬워졌다고 생각하는 사람이 늘어나고 있다. 하지만 붐이 된 것은 '장년이혼'이라는 말 뿐이고 실제로는 장년이혼이 아니다. 장년에 이혼하는 것은 위험성이 많고 경제적으로든 육체적으로든 여러 가지 냉엄한 현실이 기다리고 있다. 그래서 분위기에 흐르게 되어 쉽게 선택하면 안 된다. TV 드라마 속의 아내와 같이 갑자기 이혼 이야기를 끄집어내지 않고 결혼 생활에서 얻은 것을 돌이켜 보고 그것을 유지하는 최선의 노력을 해야 한다.

"두 사람이 한 사람보다 나음은 그들이 수고함으로 좋은 상을 얻을 것임이라. 혹시 그들이 넘어지면 하나가 그 동무를 붙들어 일으키려니와 홀로 있어 넘어지고 붙들어 일으킬 자가 없는 자에게는 화가 있으리라. 또 두 사람이 함께 누우면 따듯하거니와 한 사람이면 어찌 따뜻하랴. 한 사람이면 패하겠거니와 두 사람이면 맞설 수 있나니 세 겹 줄은 쉽게 끊어지지 아니하느니라."(전 4:9-12)

하나님이 일부일부(一夫一婦)의 결혼을 정하신 것은 서로 독신으로 있을 때보다 큰 보답을 얻기 위한 것이다. 그리고 부부라는 두 개의 줄에 세 번째 줄(예수)을 넣어 짜는 것이 중요하다. 그것에 따라 부부의 교제는 회복되고 더욱 강한 것으로 된다. 덧붙여 말하면 앞에서 소개한 요시다 씨 부부도 세 번째의 줄을 얻기 위해 교회에 가기 시작했다. 예수님을 만나면서 조금씩이지만 부부의 대화가 시작된 것이다.

 # 결혼생활은 딱 하루,
별거 40년 만에 이혼

**결혼해도 부부의 의무를 다하지 않는 사람이 있다.
그러나 남편에게 속고 결혼한 후에도
몇 년간 자신의 의무를 다하는 사람도 있다.
어떤 무거운 짐을 지는 사람이라도 쉴 수 있는 곳이 있어야 한다.**

*
**

변호사에게 상담을 의뢰하는 이혼 사건을 보면 '더 이상 결혼생활을 계속할 수 없어서 어쩔 수 없어서 이혼한다'라고 생각되는 것이 대부분이다. 그래도 기독교인인 나는 '어떻게 해서든 대화를 통해 부부가 서로 화해하고 다시 같이 살면 좋겠다'라고 생각한다. 특히 자녀가 있는 경우는 더욱 그러하다. 의뢰자가 바라는 대로 이혼이 성립되어도 솔직히 기뻐할 수만은 없다. 나중에 '행복하게 잘 살고 있다'라는 편지를 받고 나서야 비로소 '그 사건을 담당해서 다행이다'라고 생각한다. 지금까지 이혼 사건을

마무리 하고 나서 '참 잘 됐다'라고 생각했던 사건이 하나
있다.

전쟁의 참화의 기억도 아직 사라지지 않았던 때에
우에노 이사무 씨(가명. 당시 20살)는 하루코 씨(가명)와
중매결혼을 했다. 혼인신고를 하고 결혼 첫날밤에 우에
노 씨는 충격적인 광경을 봤다. 밤늦게 하루코 씨가 일어
나 집안을 배회하고 있었던 것이다. 화장실에 가는 줄 알
았는데 그렇지 않았다. 우에노 씨가 말을 걸어도 하루코
씨는 말이 없이 무뚝뚝했다. 그녀는 다시 잠을 잤지만,
우에노 씨는 너무 놀라서 한잠도 잘 수 없었다.

다음 날 아침 하루코 씨는 전날 밤의 이상한 행동을
전혀 기억하지 못했다. 무서워진 우에노 씨는 바로 집을
뛰쳐나와 버렸다. 하루코 씨의 병명은 몽유병. 본인과 부
모님은 그것을 알고 있었지만 우에노 씨는 전혀 모르고
결혼했기 때문에 우에노 씨는 바로 이혼할 것을 원했지만
하루코 씨는 계속 거부하고 따로 살았다.

그리고 40년의 세월이 흘렀다.

하루코 씨는 일을 하지 않고 혼자서 살고 있었다.

조용한 주택지에 있는 집도 40년간의 생활비(게다가 충분한 금액)도 모두 우에노 씨가 주고 있기 때문이었다. 우에노 씨는 회사의 임원이 되고 내연의 아내와 아파트에서 살고 있었다. 일도 열심히 하고 행복하게 살았지만 단한 가지 오랫동안 자기를 위해 애써 준 내연의 아내를 본처로 해 줄 수 없다는 마음의 빚 때문에 괴로워했다. 간장병인 지병을 가지고 있는 우에노 씨는 자신이 죽기 전에 이 문제가 해결되기를 바랐다. 그리고 이 이혼교섭을 신출내기 변호사였던 내가 맡았던 것이다.

나로서는 큰 임무였는데, 뜻밖에 하루코 씨는 내가 제시한 조건(일생의 생활보장)을 받아들이고 이혼에 동의했다. 우에노 씨는 변호사인 나에게 부탁은 했지만 그동안의 하루코 씨의 태도로 보아 별로 기대하지 않고 있었다. 하루코 씨가 서명한 이혼 서류를 내가 가져갔더니 백발의 노신사는 너무 놀라 동그란 눈에 눈물까지 글썽이며 애송이인 나의 손을 잡고 고개를 숙이며 몇 번이고 "고맙습니다"라고 말했다. 나는 너무 놀랐다. 결혼생활의 실체는 거의 없다고 할 수 있는 일이 혼인신고를 한 책임 때문에 한 사람을 꽁꽁 묶어 얼마나 큰 짐이 되어있었는지를 알았다.

　"수고하고 무거운 짐 진 자들아 다 내게로 오라 내가 너희를 쉬게 하리라."(마 11:28)

　도저히 감당할 수 없는 율법의 짐 때문에 괴로워했던 사람들을 예수는 기꺼이 초대하고 계신다. 지금도 여전히 여러분을 기다리고 있다. 일과 가정생활의 짐 때문에 참기 어려운 사람이 있으면 포기하기 전에 예수 앞에 가기를 권한다. 그곳은 모든 종류의 속박에서 해방되고 진실한 휴식을 얻을 수 있는 곳이다.

file_20　DV 남편에게 남은 것은?

도메스틱 바이오렌스(가정 내의 폭력) 방지법으로
피해자의 안전 확보는 현격히 향상되었다.
그러나 법률은 사람들의 마음속 어둠까지 해결하지는 못 한다.
우리를 그대로 받아들여 주는 사랑이 있다.

**

2001년 10월 '배우자로부터의 폭력방지와 피해자 보호에 관한 법률'(DV방지법)이 시행된 후 도메스틱 바이오렌스(DV, Domestic Violence)에 관한 상담이 많이 늘어나고 있다. 처음에는 배우자(내연도 포함)에 의한 신체적 폭력에 한정되어 있었으나 2004년 법 개정으로 전 배우자의 폭력과 정신적인 폭력(폭언, 위협), 경제적인 폭력(생활비를 지불 안 함), 성적인 폭력(성행위의 강요)까지 보호범위가 확대되었다. 이 법이 시행되면서 DV는 명확하게 범죄로서 인식된 것이다. 이제까지는 법은 가정 안에는 들어오지 않는다는 전제하에, 가정은 성역으로 취급되어 왔지만 단란해야 할 가정이라는 곳이 범죄의 온상이 될 수 있는 현상을 반영하여 법이 적극적으로 개입하게 된 것이다.

　DV 방지법에는 피해자의 안전 확보와 생활재건 지원 등이 제도화되어 있으며 (자세한 내용은 일본 각 도도부현(都道府縣)에 설치된 배우자 폭력상담지원센터에 상담하시기 바람) 큰 기둥은 재판서의 보호명령이다. 이것은 신체적으로 폭력을 받은 피해자가 다시 폭력을 받을 우려가 클 경우에 발령된다. '접근금지 명령'은 피해자를 따라다니거나 피해자의 집과 직장 등을 배회하는 것을 6개월 동안 금지하는 것을 말하고, '퇴거 명령'은 피해자와 살고 있었던 주거공간에서 2개월간 퇴거하거나 또는 근처를 배회하는 것을 금지하는 것을 말한다. 가해자가 보호명령을 위반하면 1년 이하의 징역 또는 100만 엔 이하의 벌금처분을 받는다.

　수미요시 토시히데 씨(가명)는 중소기업의 관리직으로 근무했다. 아내와 자식에게 폭력을 휘둘러 가출한 아내가 보호명령을 신청했다. 재판에서는 수미요시 씨가 과거에 아내에게 휘두른 여러 번의 폭력 때문에 그가 폭력적인 경향이 있다는 것이 인정되어 접근금지 명령이 나왔다. 그래서 이혼조정이 이어졌지만 교섭이 잘 되지 않았다. 수미요시 씨는 자기가 가족에게 부당한 폭력을 휘두르는 것에 대한 인식이 적고 아내가 느끼는 피해의식과는 상당한 차이가 있었던 것이다. 결국 두 사람이 서로 책임을 전가시켜서 조정이 성립되지 않았다. 그러나 마침내 이혼 소송이 되었고, 심리는 시간이 걸렸지만, 결국 수미요시 씨의 재산의 반을 아내에게 나누어 주는 조건으로 합의이혼이 성립되었다. 정년을 앞두고 가족과 예금과 적금을 잃어버린 수미요시 씨에는 자택과 외로움만이 남았다.

수미요시 씨는 유능한 사람이었지만 자신의 가치를 몰랐기 때문에 자신감이 없었고 일에 실패하면 상처를 받을 것을 매우 두려워하다 보니 공격적인 성격이 되었고 그것이 결국 가족에 대한 폭력으로 나타난 것이었다. 또한, 남이 가진 마음의 아픔을 깨닫지 못하고 상대의 약한 점을 받아들일 수 없는 타입이기도 했다.

"우리가 아직 연약할 때에 기약대로 그리스도께서

경건하지 않은 자를 위하여 죽으셨도다. 의인을 위하여 죽는 자가 쉽지 않고 선인을 위하여 용감히 죽는 자가 혹 있거니와 우리가 아직 죄인 되었을 때에 그리스도께서 우리를 위하여 죽으심으로 하나님께서 우리에 대한 자기의 사랑을 확증하셨느니라."(롬 5:6~8)

하나님은 우리를 있는 그대로의 모습으로 받아들이시고 우리의 약함도, 죄가 많은 것도 우리의 인식보다 훨씬 많이 아시고 심지어 하나님의 아들 예수를 십자가에 못 박을 정도로 친히 성육신하셔서 우리를 사랑해 주신 분이다. 이 하나님의 무조건적이며 희생적인 사랑을 깨달을 때 우리는 비로소 자신의 가치를 알고 스스로의 약함을 받아들일 수 있게 된다. 그리고 나아가 다른 사람도 사랑하고 받아들일 수 있게 변할 것이다.

광야 생활에서 풀려난 기쁨

공부는 보람이 없다

"공부해서 무엇이 될 것인가?"

누구나 한번은 머리를 스칠 것 같은 이 질문을 나는 소년, 청년시절부터 줄곧 가지고 있었던 것 같다.

나는 Lafcadio Hearn(고이즈미 야쿠모)로 유명한 산자주명(山紫水明)의 땅, 일본 산인(山陰)지방의 마츠에시에서 태어났다.

어렸을 때부터 굳건한 신념처럼 공부하기를 싫어했기 때문에 성적은 항상 하위권이었다. 부모님과 선생님으로부터 좀 더 공부할 것을 권유받았지만 내가 공부하지 않는 것은 나 나름의 이유가 있었다.

'공부하다가 대학교에 들어가고 대기업에 취직하고 대단한 사람이 되고…, 결국엔 뭐가 될 것인가, 죽으면 다 의미 없게 될 일인데 왜 싫어하는 것을 위해 굳이 노력해야 되는가?'

모든 사람들이 언젠가는 꼭 맞이하게 되는 '죽음'이라는 것과 모든 것이 무로 돌아가는 '사망'을 생각하면 공부하는 것이 시시하게 느껴져서 일부러 노력하는 의욕이 솟지 않았던 것이다. 그래도 나는 절대로 페시미스트(비관주의자)는 아니었따. 노는 것에 관해서는 누구보다 더 열중했으며 초등학교 중학교 때에는 많은 친구와의 재미있는 추억도 많이 남아 있다.

고등학교 1학년의 여름부터 당시는 아직 별로 인기가 없었던 학교 테니스 클럽에 들어가 밤낮 테니스에 몰두했다. 학교 수업은 가지 않더라도 클럽활동은 열심히 했고 테니스를 치는 사람이 많이 없었던 덕분에 일본 지역 대표로써 고등학교 리그에 두 번, 전국체육대회에도 한 번 출전했다.

그렇게 날마다 테니스에 몰두하고 지냈더니 어느새 대학교 입시가 기다리고 있었다. 나는 공부를 하고 싶지 않았지만 테니스를 잘하고 싶은 마음으로 대학교 입학을 목표로 공부하기로 뜻을 정했다.

나는 고등학교 시절에도 성적은 별로 좋지 않았지만 문과계열인데도 왠지 수학만은 점수가 좋았기 때문에 수험과목에 수학을 선택할 수 있는 대학교를 택하기로 했다. 공교롭게 테니스가 강점인 대학교 중에서 인문계열의 대학교는 수적으로 적었다.

진로지도 선생님한테 "합격은 어려움"이라는 낙인이

찍혔지만 나는 간사이학원 대학교를 목표로 했다. 무엇이든 끈기 있게 하면 잘할 수 있을 것이라고 생각해서 법학부, 상경학부, 인문사회학부 등 3학부의 시험에 모두 응시했다. 그중에서도 왠지 모르게 법률이라는 것에 매력을 느꼈고 법대가 제 1지망이기도 했지만 그 법학부에만 유일하게 합격했다.

지금 생각하면 그때부터 벌써 하나님의 계획이 시작된 것 같다.

헤매던 청춘시대?

대학교에 입학하고 예정대로 테니스부에서 활동했다. 봄 계절에 하는 간사이학생선수권대회에서는 1학년 중에 나만이 예선을 통과하고 본 선수권 대회에 출전했다. 순조로운 시작인 듯했지만 그 후 곧 여름방학을 앞두고 그만두었다.

나는 체육학계의 봉건적인 체질에 싫증이 났고, 그것은 나 자신의 정신적인 약함이 원인이었다.

결국 테니스를 하기 위해 대학교에 입학했음에도 그

목적을 잃어버리고 마치 실이 끊어진 연과 같이 헤매게 되었다. 나는 여전히 공부에 관심을 가지지 못했고, 학교 수업도 필수과목 외에는 거의 결석을 했다. 아르바이트도 다양하게 했지만 다만 용돈을 벌기위해 한 것이고 특별히 '이것을 하고 싶다'라는 목적의식을 가지고 적극적으로 했던 것이 아니었다.

그렇게 사는 동안 내가 유일하게 진심으로 열중하고 자기 자신을 확인할 수 있었던 것, 그것은 바로 마작이었다. 나는 고등학교 시절부터 친구 집에서 자주 마작을 했다. 상대방의 심리를 살피는 술책, 긴장된 분위기, 그것들은 마작을 하고 있을 때만 무심코 느낄 수 있었다.

멀지 않아 대학교 캠퍼스에 인접한 마작거리 일명 칸학(칸사이학원대학교), 즉 제 6별관이라는 곳에 자주 가게 되었다. 그곳에서 아사다 데츠야 씨의 "마작 방랑기"의 세계를 동경하며 나는 방랑하는 갬블러가 된 것 같은 심정을 날마다 혼자서 제 6별관 안에 있는 마작 집에서 마작을 하러 오는 패들을 기다리며 느끼고 있었다.

날마다 인원수가 모자라는 그룹에 혼자서 들어가서 마작을 했다. 거의 모르는 사람을 상대로 했기 때문에 계속 신경을 집중해야 되고 양손의 손가락은 '작못'(마작을 하는 손가락에 박히는 못)이 많이 박혔다. 친구들은 눈을 번뜩거리면서 마작을 즐기는 나를 보고 '마작 마귀'라고 불렀다.

마작을 할 때는 모든 것을 잊을 수 있었다. 그러나 '철야마작'이 끝나고 새벽에 길을 걸을 때 무엇이라 말할 수 없는 허무감을 느꼈다. 아주 쉽게 이겼더라도 마음에 구멍이 뚫린 것 같은 공허감에서는 아무리 해도 벗어날 수가 없었다.

'나는 도대체 무엇을 하고 있는 걸까. 이대로 살아도 될까?'

허무감을 달래기 위해 또 마작을 했다. 이러한 찰나주의가 내 학생시절의 삶을 지배하고 있었던 것이다.

졸업, 취직, 실연

나는 법학부 학생이었는데 법률 책을 거의 읽지도 않은 채 졸업시기를 앞두고 있었다. 법학부에 입학하고 '조금이라도 법률을 알고 싶다'라는 생각이 있었지만, 나는 인생의 뜻, 학문의 뜻에 대해서 확고한 신념을 가지고 있지 않았고 원래 공부하기 싫고 노력하기도 싫은 성격이어서 그것을 극복하면서까지 공부하려고 하는 마음이 확실히 부족했다. 그러나 내가 이렇게 거의 공부를 하지 않았는데도 불구하고 졸업을 위한 학점을 딴 것은 학교 분쟁 때문에 기말시험이 2년 연속으로 없어지고 대신에 리포트를 제출하면 되었기 때문이다.

졸업을 앞두고 내 마음속에는 갈등이 있었다.

'이 4년 동안 나는 도대체 무엇을 했던 것일까? 내가 대학교에 입학하고 얻은 것은 아무것도 없다. 이대로 이름만의 법학사(당시의 칭호)라는 칭호로 졸업하는 것은 왠지 허무하다.'

그때는 마침 오일 쇼크(석유 파동)라고 불린 시기이고 내가 바랐던 고향에서의 취직은 전혀 없었다. 취직을 알아보는 것도 '성미가 맞지 않다'라고 핑계를 하고 한 번도 직장을 찾으려고 노력하지 않았다.

"내 테니스클럽에 취직하면 어때?"

내가 아르바이트로 테니스를 가르칠 때 배웠던 분이 호의적으로 일자리를 권해 주었지만 내키지 않아서 그것도 거절했다.

결국 나는 법학부에 입학했는데 법을 제대고 공부를

하지 않았던 것이 마음에 걸리고, 또 앞으로 자격증을 따서 고향에 돌아가고 싶은 마음에 한 사법서사 사무소에 취직하기로 했다.

그러나 그 사무실에 들어갔더니 일의 내용이 내 성격에 맞지 않는 것 같았다. 나는 이것 때문에 고민하고 또 일도 바빠서 법률공부는 제대로 할 수 없었다.

그렇게 매일 고민하면서 나는 한 여자를 만났고 사귀게 되었다. 하지만 곧 그 여자는 나를 떠났다. 그때 받은 마음의 상처는 그때까지 한 번도 경험한 적이 없는 아픔을 수반했다.

당시 나는 장래의 꿈에 대한 확신도 없고 전혀 자신이 없는 삶을 살고 있었다. 그것이 그녀가 나에 대해 정나미가 떨어진 원인이었던 것은 나도 알고 있었다. 이 실연이 그때까지 내가 살아왔던 인생에 대해 반성을 하게 하는 중요한 전환기가 되었다.

나는 그때 '이대로 살면 안 된다'라고 강하게 느끼고 이때까지 피해 왔던 '확신을 가지고 산 인생, 후회하지 않는 인생을 보내려면 어떻게 하면 될까'라는 문제와 처음으로 정면에서 맞서게 되었다. '지금 이 문제를 피하면 나는 일생동안 구제할 수 없는 사람으로 끝나겠다'라는 다급해진 심정이었다.

행복한 돼지가 되는 것보다 불행한 소크라테스가 되라

　　일을 하나씩 진지하게 생각하던 중에 나는 또 다른 큰 의문에 직면했다. 창피하지만 나는 졸업해서 처음으로 법률에 관한 책을 열고 법률학에는 여러가지 입장(학설)의 대립이 있고 그것에 따라 법률의 해석도 달라지고, 또 재판소의 입장(판례)이 학설과 다를 경우도 있다는 아주 당연한 사실을 알았다.

　　사람의 목숨을 좌우할 수 있는 법률(예를 들어 형법)에도 가지각색의 해석이 가능한데 한 주장에 따르면 어떤 사람의 목숨이 살아나기도 하고 다른 주장에 따르면 그 사람의 목숨이 빼앗기는 것도 경우에 따라 생긴다.

　　'사람의 목숨이 이렇게 한 사람의 견해 차이 때문에 쉽게 좌우되어도 되는 것일까?'

　　골똘히 생각하면 모든 법규범이 상대적인 가치밖에 없는 것 같아서 '절대적인 진리라는 것은 존재하지 않은가', '무엇이 선이고 무엇이 악인가'라는 생각에 빠져 있었다.

'왜 사람을 죽이면 안 된다고 할까? 경찰에 잡히니까? 그럼 아무도 모르게 사람을 죽일 수 있다면 죽여도 될까? 양심의 가책을 받으니까? 도대체 양심이라는 것은 무엇일까, 양심은 인류 공통의 기준인가?'

여기까지 오면 이미 법률학의 영역은 넘지만 나의 가치관을 확립하기 위해서는 이 문제를 해결해야 되었기 때문에 나는 이 문제와 진지하게 씨름하기로 했다.

나는 책을 탐독하고 많이 자문자답했지만 좀처럼 답을 못 찾고 해결의 조짐이 조금 보여도 물거품처럼 사라져 없어졌다.

그렇게 지쳐 버렸지만 어느 날 당시에 살고 있었던 목조연립주택에 돌아갔더니 편지통에 광고지가 한 장이 들어 있었다. 아무 생각도 없이 봤더니 "행복한 돼지가 되는 것보다 불행한 소크라테스가 되라"라는 철학자 존 스튜어트 밀(John Stuart Mill)의 격언이 눈에 띄었다.

'내가 고민하는 이 큰 문제를 해결하는 것을 포기하지 말자. 불행한 소크라테스가 되는 길을 택하자.'

그렇게 생각하자마자 용기가 솟았다. 그 광고지를

잘 보니까 그것은 기독교교회의 '특별전도 집회'의 안내였고 거기에 "하나님의 도구인 후루야마 목사님이 오신다"라고도 쓰여 있었다.

나는 기독교에 대해서 전혀 모르고 이 '도구'를 '재능'이라는 의미로 오해하고 '하나님의 도구란 곧 하나님이 되신 재능이 있는 인물'이라고 내 마음대로 해석했다(사실은 '하나님의 도구로서 쓰이는 인물'라는 뜻.).

'교회에 가면 내 문제의 답을 찾을 수 있을지도 모르겠다. 앞으로 하나님이 될 사람도 만나고 싶다.'

이러한 생각이 들자 나는 '전도 집회'에 가기로 결심했다. 난생처음으로 간 교회에서 나는 상당히 밝은 인상을 받았다. 그리고 3일 연속으로 열린 집회에 모두 참석했다. 그 집회가 끝날 때마다 강사인 후루야마 요우수케 목사님이 나에게 와 주시고 여러 가지 이야기를 해 주셨다. 나는 앞으로 하나님이 될(그렇게 생각하고 있었다) 큰 인물과 이야기할 수 있어서 감동했지만 목사님이 하신 이야기의 내용은 좀 이해할 수 없었다.

오히려 이 집회에서 내 머릿속에 강하게 남은 것은 성가대에서 찬양하고 있던 한 여성의 미소였다. 마음속에서 기쁨이 넘치는 그 미소.

‘나는 요즘에 잘 웃지 않았네. 아니 지금까지 그런 얼굴로 웃은 적이 있었던가?’

그때까지 나의 웃음이 위선적이었다는 것을 지적 받은 것 같았다.

없으면 안 되는 것

나는 교회라는 곳에 대해 좋은 인상을 가졌지만 교회에 다녀야겠다는 결정을 하지 못하고 여전히 혼자서 우울하게 지냈다. 점점 식욕도 없어졌는데 어느 날 우연히 들른 서점에서 『무엇을 믿으며 사는가』라는 제목의 책이 눈에 띄었다.

책 안을 살펴봤더니 인상 깊은 말이 눈에 띄었다.

“없으면 안 되는 것은 많지 않다. 아니 하나뿐이다.”

‘오늘날의 풍요한 가운데서 우리는 정말로 자기 인생에 없으면 안 되는 것을 찾아 낸 것일까’라는 말이다. 나는 나 자신에게 물어봤다.

‘없으면 안 되는 것은? 생명이 있으면 희망이 있는

것이다. 생명이 없으면 아무것도 못하니까 생각할 수 없다.'

저자의 답을 빨리 알고 싶어서 다음 페이지를 넘겼더니 거기에는 전혀 예상밖의 답이 준비되어 있었다.

"자기 존재를 자기 존재로서 있도록 해 주는 궁극적인 것."

이것이 저자의 결론이었다.

자기의 생명보다도 자기를 자기 존재로서 있도록 해 주는 것, 즉 '창조주'가 보다 중요하다는 저자의 가치관은 그때까지 내가 한 번도 가져 보지 못한 생각이었다. 동시에 이 '창조주'라는 말이 너무 신선하게 내 가슴에 뛰어들었다.

나는 그때까지 '나 자신이 창조된 존재'라고 생각해 본 적이 없다. 특히 외동이로서 자라서 나를 중심으로 생각하는 습관이 배어 있었다. 그러나 잘 생각해 보면 나는 나의 의지로 태어난 것이 아니다. 내 부모님이나 내가 일본인인 것도 내 의지에 의해서 정해진 것이 아니고 호흡과 심장을 움직이는 것도 내 의지와 노력에 따른 것이 아니다.

'만일 내가 창조의 주를 알면 내 문제는 모두 해결될

수 있지 않을까.'

창조주가 정말 계시면 창조주가 나를 창조하신 목적에 따라 살면 좋은 것이다. 그것이 나에게는 최선의 삶, 후회 없는 삶이 될 것이다.

선과 악의 문제에 대해서도 이 전 세계, 전 우주의 창조주가 선이라고 하신 것이 선이고, 악이라고 하신 것이 악이라고 하면 되는 것이 아닐까.

나는 한 가닥의 광명이 비쳤다고 생각해서 얼른 책을 구입하여 집에 가서 내 방의 침대 위에서 다시 읽어 보았다.

잘 읽어 보니 조금 전에 서점에서 본 말씀은 신약성경 누가복음 10장 42절에서 인용되었고, 저자라는 창조주는 '성경의 하나님'이라고 한다.

정말 교회에 가면 내가 떠맡고 있는 문제를 해결할 수 있을까. 그런 기대감이 커졌지만 실제로는 쉽게 갈 수 없었다. 내 안에 있는 종교에 대한 불신감이 아직 꿋꿋하게 내 마음을 지배하고 있었기 때문이다.

'이 세상에서 신을 믿는 종교는 많이 있는데 그 중에서 왜 기독교의 하나님이 진실한 창조주라고 할 수 있는 것일까?'

이 문제는 내 작은 머리로 아무리 생각해도 답을 찾을 수가 없었다. 내 정신적인 상태나 육체적인 상태는 그때까지 계속해서 형이상학적으로 깊이 생각하다 보니 벌써 한계에 도달했다.

그런 상태에서 생각이 난 것은 이전에 교회에 갔을 때 본 성가대의 그 여성의 미소였다. 그렇게 훌륭한 미소를 사람에게 주시는 하나님이야 말로 정말 신실한 창조의 주가 아닐까.

'교회에 가자.'

나는 내가 어디를 어떻게 걸어가는지, 이제 어디로 걸어가면 되는지 전혀 모르지만 어둡고 혼란해진 내 인생의 회복을 기독교의 하나님께 맡기기로 결심했다. 그 결단은 갬블을 좋아하는 내게 내 인생의 최대의 갬블이 될 것이다.

믿음 생활

교회에 나가 예배를 드리기 시작하면서 나는 성경 탐독을 시작했다. 성경을 읽으면 마음에 확신과 평안이

오지만 성경에서 눈을 때면 마음이 동요되고 불안감이 생겼다.

나는 성경 말씀에서 조금도 눈을 떼지 않으려고 마음에 남은 말씀들을 종이에 크게 적어 방과 화장실의 벽과 천장 등에 붙였다.

어느새 방 안에는 벽이 보이지 않을 정도로 성경 말씀으로 채워져 있었다.

"헛되고 헛되며 헛되고 헛되니 모든 것이 헛되도다. 해 아래서 수고하는 모든 수고가 사람에게 무엇이 유익한가." (전 1:33)

"사람이 만일 온 천하를 얻고도 제 목숨을 잃으면 무엇이 유익하리요."(마 16:26)

오랜 세월 동안 내가 가지고 있었던 모든 문제를 성경이 거침없이 지적했다.

게다가 성경에는 이런 문제가 생기는 원인과 그 해결법도 쓰여 있었다.

"너는 청년의 때에 너의 창조주를 기억하라. 곧 곤고한 날이 이르기 전에 나는 아무 낙이 없다고 할 해들이

가깝기 전에"(전 12 : 1)

"나는 생명의 떡이니 내게 오는 자는 결코 주리지 아니할 터이요 나를 믿는 자는 영원히 목마르지 아니하리라."(요 6 : 35)

성경의 빛에 비추어 내 마음속을 덮고 있었던 어두움도 점점 사라졌다. 그리고 내 삶도 자기 중심에서 창조주 중심으로 생각이 조금씩 변했다.

지구가 우주의 중심이라고 생각하는 천동설에서 볼 때 우주의 진리가 제대로 보이지 않는 것과 같이 자기중심의 생각으로 살면 인생의 진리는 보이지 않는다.

나는 창조주인 하나님을 믿는 신앙부터 기독교 생활을 시작해서 설교 중에 잘 나오는 예수 그리스도의 이야기는 별로 관심을 가지지 못했다. '창조주'이신 하나님을 알면 내가 가지고 있었던 문제는 모두 해결할 수 있다고 생각했기 때문이다.

그러나 나는 매일 밤에 성경을 읽고 하나님께 기도를 하고 있었는데 기도할 수 없는 마음 상태를 경험하게 되었다. 내 마음으로부터 하나님을 멀리하게 하는 것, 하나님께 가까이 가지 못하게 하는 것이 있다고 강하게 느졌다.

하나님께 기도하려고 하면 내 양심이 아프고 내가 아무리 많이 하나님께 기도해도 나는 하나님의 응답을 받을만한 자가 아닌 것을 깨달았다. 나는 난생 처음으로 마음속에 있는 미움죄라는 것에 직면했다.

그때까지도 나에게도 나쁜 것이 있는 것을 알고 있었는데 '다른 사람도 다 그렇고 그래도 나는 그들보다 낫겠다.'라고 생각하고 있었다.

그러나 하나님께서 나에게 죄를 명확히 보이시고, 나는 나의 죄를 인정하고 고백하지 않을 수 없었다.

그리고 예배시간에 항상 '예수는 사람의 죄를 용서하기 위해 십자가에 못 박혔다.'라는 설교를 들을 때마다 남의 일인 줄 알았는데 그것이 사실은 바로 나 자신을 위한 것임을 이해하게 되었다.

하나님이셨던 예수 그리스도가 사람이 되시고, 십자가 위에서 피 흘리신 것은 바로 모치다 아키히로(나)의 죄를 용서하기 위해 모치다 아키히로 대신에 하나님의 벌을 받으시기 위한 것이었다.

그것을 알고 나서는 예수가 점점 나와 가까운 존재로서 느끼게 되고 어떤 상황에서도 "아들 예수의 피가 우리를 모든 죄에서 깨끗하게 하실 것이요"(요일 1:7)라는 성경의 약속을 의지하고 기도할 수 있게 된 것이다.

그리고 1977년 4월 10일에 나는 세례를 받았다.

세례를 받은 그 날, 이런 일이 있었다.

그때까지 나는 담배가 없으면 따분하게 느낄 정도로 담배를 자주 피우고 있었다. 그리고 방에서는 담배의 빈 상자를 선반 위에 나란히 세우고 장식하고 있었다. 세례를 받은 기념으로 담배를 끊기로 결심하고 담배의 빈 상자를 버리려고 했더니 미스터 슬림의 빈 상자 안에서 어쩐 일로 아직 피우지 않은 담배 한 개피가 나왔던 것이다.

나는 이것을 마지막 담배로 하려고 불을 붙이고 피우려고 한 그 순간 너무 맛이 없고 숨이 막혀 그만 토해 버렸다.

예수 그리스도를 알게 된 기쁨으로 가득 찬 내 몸은 담배의 연기를 받아들이지 못하게 된 것이다.

'하나님이 나를 이제 담배가 필요 없는 몸으로 바꿔 주신 것이다.'

나는 이 체험을 그렇게 인식했다.

삶의 목적

"하나님, 제가 이 땅에 사는 목적을 보여 주세요. 그리고 앞으로 어떤 길을 가면 좋을지 가르쳐 주세요."

창조주를 믿게 되면서부터 나는 시간이 있을 때마다 이렇게 기도를 드리곤 했다. 그로부터 1년 후 마음속에 '사법고시를 보고 싶다'라는 소망이 생겼다.

하지만 학창시절은 물론, 일을 시작한 후에도 거의 법률 공부를 할 수 없었다. 게다가 국가시험 중에서도 제일 어렵다고 하는 사법고시를 처음부터 시작한다는 것은 나에게는 이미 너무 늦은 것만 같았다.

그리고 무엇보다도 내게 공부의 재능이 전혀 없다는 것을 내가 제일 잘 알고 있었다. 그 사실은 내 부모님과 친구들이 증언해 줄 것이다.

게다가 나는 외동아들이기 때문에 앞으로 부모님을 모셔야 하는 입장에 있었다. '만일 내가 언제까지나 사법고시를 패스하지 못한다면 앞으로 누가 부모님을 모실 것인가' 또 '시험 준비기간에 생활비는 어떻게 할 것인가' 등 이런저런 걱정을 하게 되었다. 상식적으로 생각할 때 내가 사법고시에 도전한다는 것은 정말로 가소롭기 짝이 없고 도저히 생각할 수도 없는 일이었다.

　이런저런 걱정거리가 몰려오며 고민하던 중 나는 사법고시를 보는 것이 정말로 하나님의 뜻인지, 아니면 내 희망일 뿐인지 이것에 대한 확실한 답을 얻고 싶어서 '이 확신을 얻을 때까지는 다른 행동을 하지 않겠다.'라고 결심하고 진심으로 하나님께 계속 기도하기로 했다.

　그러던 중, 하나님은 기도 가운데 나를 만나 주셨고 나에게 조용히 성경 말씀을 통해서 응답해 주셨다.?

　"네 길을 여호와께 맡기라 그를 의지하면 그가 이루시고"(시 37:5)

　하나님은 많은 말씀을 주셨지만 특히 이 말씀에 의해, 나는 사법고시에 도전하는 것이야말로 내 기도에 대한 응답이며 그 길이 하나님이 나에게 인도하시는 길인 것을 확신하게 되었던 것 같다.

　나를 창조하신 하나님의 목적대로 순종하며 살아야 확신에 가득 찬 후회 없는 삶을 살 수 있을 것이다. 그것이 나의 믿음생활의 원점이었다.

　그리고 지금, 내 앞에 창조주가 인도해 주신 길이 사법고시라고 깨달은 이상 아무리 힘들고 좁은 길이라도 나아가야 했다.

나의 창조주이신 하나님은 인생의 목적을 잃고 한번 죽었던 내게 다시 살아나는 힘을 주시고 이때까지 회복시켜 주셨다.

내가 이제부터 걸어갈 길은 사람의 눈으로 보면 상당히 험한 길일 것이다. 그러나 다만 하나님이 인도해 주실 것을 믿고 나는 다시 한 번 앞으로의 인생을 내 창조주에게 맡기기로 한 것이다.

변호사가 되는 길

상식적으로 내 나이와 능력으로 사법고시에 합격할 가능성은 전혀 없었다. 그러나 나에게는 '이것이 하나님이 나에게 주신 길이다'라는 확신이 있었다.

사법서사의 사무실을 그만둬서 시험공부에 전념하려고 했지만 그것은 생각보다 가혹했다.

우선, 다른 사람을 거의 만나지 못하다 보니 고독과 싸워야 했다. 혼자 지내면서 하루 종일 책상에 앉아 공부하는 생활이 며칠 지속되자 사람이 그리워지고 이대로 가

다가는 말하는 것조차 잊어버리지 않을까 하는 두려움에
빠졌다.

　지금 생각해 보면 하나님이 주신 '고독'이라는 시험
은 창조주이신 하나님을 알게 된 지 얼마 되지 않은 내가
성경말씀을 듣고 하나님과의 관계를 더 많이 가지도록 하
나님이 주신 배려였던 것 같다. 왜냐하면 사람들과 이야
기하는 기회가 거의 없어진 대신, 성경을 깊이 묵상할 수
있게 되었기 때문이다. 두려움과 불안감이 생길 때마다
성경을 읽으면 항상 믿을 수 없을 만큼 많은 힘과 평안을
얻었다.

　"사람이 떡으로만 살 것이 아니요 하나님의 입으로
부터 나오는 모든 말씀으로 살 것이라."(마 4:4)

　이 말씀의 깊은 뜻을 잘 이해하게 된 것이다.

　여담이지만 이러한 고독과의 싸움 속에서도 유머가
넘치는 하나님은 나에게 몇 마리의 작은 동물을 보내 주
시고 위로해 주셨다. 밤마다 하수관을 타고 싱크대로 올
라오는 줄무늬 지렁이, 밤이 되면 틈새 사이로 드나드는
몇 마리의 새끼 쥐들... 보통 때였다면 그다지 환영할 수
없는 동물들이었지만 당시의 나에게는 마음을 온화하게
해 주는 좋은 방문자들이었다.

공부를 시작하고 1년쯤 되었을 때, 신오사카에 사법고시학원이 생겼다. 나는 자극을 받기 위해 등록하기로 했다. 비로소 본격적인 법률공부를 시작한 것이다.

다른 수험생들과 한자리에서 나란히 공부하는 것은 혼자서 할 때와는 달리 매일 나에게 큰 자극이 된 반면, 다른 사람과 자신을 비교함에서 오는 '열등감'에도 시달리게 되었다.

나는 어느덧 20대 중반을 지났고 사법고시 준비를 시작한 지 1년밖에 안 되었다. 또한 탁월한 능력이 없다는 것도 스스로 잘 알고 있었다. 주위를 둘러보니 대부분의 사람들이 명문대학생이거나 졸업생이었으며 나보다 젊고, 게다가 나보다 공부를 훨씬 잘했다. 나는 수업에 따라가지 못할 때도 자주 있었다.

이집트를 떠날 때 하나님이 인도해 주시는 가나안 땅을 탐지하러 갔던 12명의 사람들 중에 10명이 하나님의 위대한 기적을 눈앞에서 보면서 가나안에 사는 아낙 사람들이 자기들보다 훨씬 거대한 것을 보고 두려워하여 "이집트로 돌아가자"라고 했는데(민 13,14장 참조), 그 상황처럼 나도 주위 사람들을 보고 두려워하여 '내가 전혀 어울리지 않는 장소에 와 있다'는 생각을 많이 했다.

'이 길은 정말 하나님이 나에게 주신 길인가?'

성경을 열어 보니 하나님이 다음과 같은 말씀을 나에게 주셨다.

"강하고 담대하라. 두려워 말며 놀라지 말라. 네가 어디로 가든지 네 하나님 여호와가 너와 함께 하느니라."(수 1:9)

"이 큰 무리로 말미암아 두려워하거나 놀라지 말라. 이 전쟁은 너희에게 속한 것이 아니요 하나님께 속한 것이니라."(대하 20:15)

'이것은 나에게 속한 시험이 아니다. 하나님께 속한 것이다'라고 생각하니 용기가 솟았다.

내가 사람을 보고 두려워하지 않도록 하나님이 주신 말씀을 적어서 필통에 넣어 두고 공포심이 생길 때마다 그것을 펼쳐 보았다.

사람을 볼 때면 두려웠고 하나님을 찾을 때면 용기를 얻었다.

이처럼, 사법고시를 준비하는 과정이 내가 얼마만큼 하나님만 바라보고 있는지 하나님이 나를 테스트하신 때이기도 하였다.

당시 사법고시는 5월의 택일시험, 7월의 논문시험,

10월의 면접시험이라는 세 가지 시험을 한 해에 모두 합격해야만 했다. 아무리 택일시험을 잘 봐서 합격해도 논문시험을 잘 보지 못하면 다음해에 또 다시 택일시험부터 시작해야 했다(다만 면접시험은 그 다음 해에 다시 도전할 수 있었다.). 나는 두 번째 택일시험에 합격했지만, 그 후 4번 연속으로 택일시험에 떨어졌다. 택일시험을 통과하지 못할 경우 그 다음 해 5월까지 1년 동안 기다려야 했기 때문에 '나는 도대체 1년 동안 무엇을 하고 있었던 걸까?'라며 스스로 큰 충격을 받았었다.

몇 번인가 시험에 떨어졌을 때, 나는 택일시험을 통과 못해서 심하게 기운이 빠지고 '역시 내 능력으로는 사법고시는 무리구나. 사법서사 시험이라도 우선 한번 볼까'라는 생각으로 그 시험을 위한 책을 사서 공부를 시작했다.

그러나 그 공부를 시작하자마자 내 마음속에 평안이 없어졌다. 그것은 택일시험에 떨어졌을 때 받은 충격과는 전혀 다른 것이었다. 나는 다시 성경을 열었다.

"그 길로 다시 돌아가지 말 것이라 하셨음이며"(신 17:16)

　　나는 이집트 사람들이 노예생활에서 해방되고 하나
님의 약속의 땅인 가나안에 가는 도중에 광야에서 그들의
예상보다 훨씬 힘든 생활을 한 나머지, 하나님의 약속을
의심하여 이집트로 다시 돌아가려 했던 이스라엘 사람들
의 모습 속에서 나의 모습을 발견했다. 지금의 불안감이
하나님이 동행하고 계심을 잊어버린 잘못된 믿음에서 온
것이라는 깨달음을 얻고, 회개하고 새로 구입한 책을 다
버렸다.

　　5, 6년 지나도록 하나님의 약속은 좀처럼 이루어
지지 않았다. 같은 연대의 친구들은 대부분이 이미 사회
적으로 안정된 직위에 앉아 있었다. 반면, 나는 직위도
직함도 없고 게다가 제대로 된 직함조차 없었다. 나의 불
안감은 해마다 늘어나기만 했다. 얼마나 많이 하나님의
약속을 의심했는지 모른다. 그러나 하나님은 그때마다
성경 말씀을 주시고 처음의 확신에서 멀어지지 말라고 가
르쳐 주셨다.

　　"그러므로 너희 담대함을 버리지 말라 이것이 큰 상
을 얻게 하느니라. 너희에게 인내가 필요함은 너희가 하
나님의 뜻을 행한 후에 약속하신 것을 받기 위함이라."

(히 10:35-36)

치유

28살 2월에 나는 갑자기 심한 구역질과 설사병으로 밥도 제대로 못 먹는 상태가 되었다. 처음에는 평범한 감기인 줄 알고 별로 걱정을 하지 않았는데 감기약을 먹어도 전혀 회복의 기미는커녕 계단을 오르기조차 힘든 상태로 악화되었다.

고향에 돌아가 병원에 갔더니 급성간염이라는 진단이 내려지고 결국 입원하게 되었다.

입원은 예상했던 것보다 길어지고 곧 퇴원할 수 있을 줄 알았던 내 마음속에 병이 낫지 않을지 모른다는 불안감, 시험 준비를 하지 못하는 초조한 마음, 장래의 불안감 등이 퍼지고 있었다.

3~4개월 정도 입원했다가 오사카에 돌아왔지만 몸 상태는 회복되지 않고 구역질과 권태감 때문에 공부에도 집중할 수 없었다.

큰 병원 몇 군데에서 진찰을 받았지만 확실한 원인

은 알 수 없었고 나는 혼자 살고 있는 연립주택의 침대 위에서 말할 수 없는 불안감에 시달리고 있었다.

이미 온갖 수단을 다 동원했다. 더 이상 의사에게 기대할 수 없다는 것을 알았다.

내 눈은 겨우 하늘을 우러러보았다. 나는 병을 고치시는 주님이신 예수 그리스도를 의지할 수밖에 없다고 생각해 간장 위에 손을 얹고 "예수님 이 병을 고쳐 주시옵소서"라고 열심히 기도하면서 성경을 읽었다.

신약 베드로전서 2장 24절까지 읽었을 때 갑자기 "그가 채찍에 맞음으로 너희는 나음을 얻었나니"라는 말씀이 가슴에 와 닿았다.

나는 병이 나았다고 느꼈고, 내 마음은 하나님을 찬양하는 마음으로 가득했다.

다음 날 아침에 일어났을 때 약간 불안감이 있었지만 하나님이 병을 고쳐 주신 것을 믿고 오래간만에 학원으로 향했다. 그날 이후 증상은 점차 회복되고 간장기능의 수치는 며칠 후 완전히 정상이 되었다.

또 이 병을 계기로 하나님은 나에게 돕는 자(돕는 배필)를 주시고 결혼으로 인도해 주셨다. 그녀의 밝고 낙천적인 성격이 나에게 얼마나 많은 위로가 되었는지 모른다.

하나님의 음성에 따르지 않아서

　학원에서 나의 모의시험성적은 나쁘지 않았지만, 본 시험을 볼 때는 어쩐 일인지 성과를 거두지 못했다. 해마다 늘어난 중압감을 견딜 수 없었던 점과 시험 바로 전날 무리를 하는 바람에 몸 상태가 나빠졌던 것이 큰 이유였던 것 같다.

　건강상태에 만전을 기해, 시험에 도전해야 한다는 것을 깨달았지만, 다음 해가 되면 또다시 애타는 마음에 이끌리어 똑같은 실수를 되풀이했다.

　시험 전에 '충분히 쉬라'는 하나님의 음성을 무시하고 '안 되겠다. 더 공부 해야겠다'라는 자신의 힘에 의지하여 시험에 합격하려 했던 것이 시험실패의 원인이었다. 결국, 이런 내 약한 믿음 때문에 매년 시험에 떨어졌던 것 같다.

　결혼 후에는, 시험을 치르기 전에 내 마음 가운데 하나님의 평안이 있도록 기도하고 몸 관리를 충분히 했다. 그 결과, 겨우 택일시험에 합격했다.

마지막 시련

　1986년 9월, 논문시험에 겨우 합격했다. 논문시험은 사법고시 세 가지 시험 중에서도 제일 어려운 시험이기 때문에 한결 더 기뻤다.

　그리고 마지막 면접시험을 위해 열심히 준비하려는 참에 아버지로부터 전화가 걸려 왔다.

　"내가 한 국회의원의 비서에게 네가 논문시험에 합격했다고 말했더니 '면접시험이라면 우리 선생님께 말씀드리면 도와주실 것 같은데요'라는데 어떻게 할까?"

　그 순간, 그 말에 마음이 쏠렸다. 만약 그분에게 부탁하면 오랜 세월에 걸친 정신적인 고생과 육체적 피로에서 한순간에 해방될 것이기 때문이었다.

　하지만 그때 내 머릿속에는 순간적으로 성경의 한 말씀이 떠올랐다.

　그것은 아브람이 소돔의 왕의 재산과 사람들을 엘람의 왕이신 그돌라오멜에서 다시 빼앗아 왔을 때 소돔의 왕이 '재산은 네가 취하라'라고 한 말에 대해서 아브람이 이렇게 대답했다.

"네 말이 내가 아브람으로 치부하게 하였다 할까 하여 네게 속한 것은 실 한 오라기나 들메끈 한 가닥도 내가 가지지 아니하리라."(창 14:23)

나는 오늘이 있기까지 오직 하나님의 말씀에 따라 사법고시의 길을 가고 하나님의 말씀에 힘입어 시험공부를 계속 할 수 있었다. 그런데 지금 여기서 내가 사람의 힘에 의지하면 하나님께 모든 영광을 돌릴 수 없게 된다. 나는 바로 아버지에게 답변을 드렸다.

"저는 지금까지 하나님만을 믿고 계속 공부했습니다. 앞으로도 하나님께만 의지할 것이므로 그런 부탁을 하지 마십시오. 또한 법률가를 목표로 하는 자로서 앞으로 화근이 될 만한 일은 절대로 하지 않으시면 좋겠습니다."

"그래, 알았다. 미안하다."

아버지도 내 마음을 이해해 주시고 사과하셨다.

이루어진 성경 말씀

　　1986년 10월 31일, 하나님의 은혜로 나는 사법고시에 모두 합격했다. 참으로 기이하게도 합격한 날은, 10년 전 내가 창조주이신 하나님을 믿기 시작한 날이었다. 오랜 광야 생활에서 풀려난 기쁨은 도저히 말로서는 표현할 수 없는 것이었다.

　　뒤돌아보면 나의 고시 준비기간은 성경말씀에 의지하여 시작하고 힘입었고, 성경말씀이 이루어지면서 끝났다고 할 수 있다.

　　내 과거를 아는 사람들은 내가 사법고시에 합격한 것이 바로 '기적'이라고 밖에 말할 수 없는 일이었다.

　　나는 지금 형사사건을 맡지 않게 되었지만, 내가 변호사가 되었을 때 형사사건을 처리하면서 가끔 이렇게 생각했다.

　　'만일 그때 그대로 계속 마작에 열중하는 삶을 보냈다면 내가 법원에서 앉아 있는 곳은 변호인의 자리가 아니고 피고인의 자리가 아니었을까?'

　　생각해 보면, 공부를 싫어하고 노력을 게을리하던 내가 9년이나 되는 시험공부 기간을 어떻게 잘 견딜 수 있었는지 의문이다. 믿기지 않는 일이지만, 어느새 나는 공부를 매우 좋아하고 노력을 잘하는 사람으로 변해 있었던 것이다.

창조주이신 하나님은 나와 같이 '멸시받는 자', '없는 자'(고전 1:28)를 구원해 주시고 내 인생을 완전히 새롭게 해 주셨던 것이다.

내가 광야에 있었던 9년의 세월은 내 인생에 있어서 꼭 필요한 귀한 훈련의 기간이었던 것이다.

성경인용

file 1 하늘에서 온 6억 엔?

마태복음 6:20 "오직 너희를 위하여 보물을 하늘에 쌓아 두라. 거기는 좀이나 동록이 해하지 못하며 도둑이 구멍을 뚫지도 못하고 도둑질도 못하느니라."

고린도후서 8:9 "우리 주 예수 그리스도의 은혜를 너희가 알거니와 부요하신 이로서 너희를 위하여 가난하게 되심은 그의 가난함으로 말미암아 너희를 부요하게 하려 하심이라."

file 2 무슨 일이 있어도 손 떼고 싶지 않았던 저택

잠언 17:1 "마른 떡 한 조각만 있고도 화목하는 것이 제육이 집에 가득하고도 다투는 것보다 나으니라."

file 3 30살 차이가 난 노인과의 결혼의 참뜻은

고린도전서 4:5 "그가 어둠에 감추인 것을 드러내고 마음의 뜻을 나타내시리니"

file 4 양자가 된 가정부

전도서 7:14 "형통한 날에는 기뻐하고 곤고한 날에는 되돌아 보아라. 이 두 가지를 하나님이 병행하게 하사 사람이 그의 장래 일을 능히 헤아려 알지 못하게 하셨느니라."

마태복음 7:7 "구하라 그리하면 너희에게 주실 것

이요, 찾으라 그리하면 찾아낼 것이요, 문을 두드리라 그
리하면 너희에게 열릴 것이니"

file 5 두 번째의 상속으로 알게 된 것

디도서 3:7 "우리로 그의 은혜를 힘입어 의롭다하
심을 얻어 영생의 소망을 따라 상속자가 되게 하려 하시
이라."

file 6 간호하고 있다고 하지만

잠언 30장 8~9 "곧 헛된 것과 거짓말을 내게서 멀
리 하옵시며 나를 가난하게도 마옵시고 부하게도 마옵시
고 오직 필요한 양식으로 나를 먹이시옵소서. 혹 내가 배
불러서 하나님을 모른다 여호와가 누구냐 할까 하오며 혹
내가 가난하여 도둑질하고 내 하나님의 이름을 욕하게 할
까 두려워함이니이다."

file 7　유언장은 썼지만

　골로새서 2:10 "너희도 그 안에서 충만하여졌으니 그는 모든 통치자와 권세의 머리시라."

file 8　상속인은 놀랍게도 50명

　출애굽기 20:6 "나를 사랑하고 내 계명을 지키는 자에게는, 천 대까지 은혜를 베푸느니라."

file 9　남편을 잃은 후 유산을 받아 시댁과는 결별을 선언

　룻기 1:16 "내가 어머니를 떠나며 어머니를 따르지 말고 돌아가라 강권하지 마옵소서. 어머니께서 가시는 곳에 나도 가고 어머니께서 머무시는 곳에서 나도 머물겠나이다. 어머니의 백성이 나의 백성이 되고 어머니의 하나님이 나의 하나님이 되시리니"

file 10   돈이 아니고 꿈을 상속

고린도전서 13:13 "… 믿음, 소망, 사랑, 이 세 가
지는 항상 있을 것인데…"

file 11   DNA 감정으로 매듭진 인지청구사건

에베소서 1:13~14 "그 안에서 너희도 진리의 말씀
곧 너희의 구원의 복음을 듣고 그 안에서 또한 믿어 약속
의 성령으로 인치심을 받았으니 이는 우리 기업의 보증이
되사 그 얻으신 것을 속량하시고 그의 영광을 찬송하게
하려 하심이라."

file 12   몬스터 페어런트의 클레임

누가복음 6:38 "주라. 그리하면 너희에게 줄 것이
니 곧 후히 되어 누르고 흔들어 넘치도록 하여 너희에게
안겨 주리라. 너희가 헤아리는 그 헤아림으로 너희도 헤

아림을 도로 받을 것이니라.”

file 13 사람의 나이와 세대에 따라 다르게 나타나는 이혼사유

고린도전서 13:4~8 “사랑은 오래 참고 사랑은 온유하며 시기하지 아니하며 사랑은 자랑하지 아니하며 교만하지 아니하며 무례히 행하지 아니하며 자기의 유익을 구하지 아니하며 성내지 아니하며 악한 것을 생각하지 아니하며 불의를 기뻐하지 아니하며 진리와 함께 기뻐하고 모든 것을 참으며 모든 것을 믿으며 모든 것을 바라며 모든 것을 견디느니라. 사랑은 언제까지나 떨어지지 아니하되”

골로새서 3:14 “이(사랑)는 온전하게 매는 띠니라.”

file 14 위자료 1000만 엔을 지불한 이혼사건

레위기 5:16 "성물에 대한 잘못을 보상하되 그것에 오분의 일을 더하여 제사장에게 줄 것이요, 제사장은 그 속건제의 숫양으로 그를 위하여 속죄한즉 그가 사함을 받으리라."

file 15 외숙부가 된 아기

마태복음 19:4~6 "예수께서 대답하여 이르시되 사람을 지으신 이가 본래 그들을 남자와 여자로 지으시고 말씀하시기를 그러므로 사람이 그 부모를 떠나서 아내에게 합하여 그 둘이 한 몸이 될지니라 하신 것을 읽지 못하였느냐. 그런즉 이제 둘이 아니요 한 몸이니 그러므로 하나님이 짝지어 주신 것을 사람이 나누지 못할지니라 하시니"

file 16   연금분할제도로 장년이혼이 급증?

창세기 2:22 "여호와 하나님이 아담에게서 취하신 그 갈빗대로 여자를 만드시고 그를 아담에게로 이끌어 오시니"

file 17   유괴범죄까지로 발전한 학교 교사끼리의 이혼

마태복음 1:23 "보라 처녀가 잉태하여 아들을 낳을 것이요 그의 이름은 임마누엘이라 하리라 하셨으니 이를 번역한즉 하나님이 우리와 함께 계시다 함이라."

file 18   장년이혼은 봄이 아니다

전도서 4:9~12 "두 사람이 한 사람보다 나음은 그들이 수고함으로 좋은 상을 얻을 것임이라. 혹시 그들이 넘어지면 하나가 그 동무를 붙들어 일으키려니와 홀로 있어 넘어지고 붙들어 일으킬 자가 없는 자에게는 화가 있

으리라. 또 두 사람이 함께 누우면 따듯하거니와 한 사람
이면 어찌 따뜻하랴. 한 사람이면 패하겠거니와 두 사람
이면 맞설 수 있나니 세 겹 줄은 쉽게 끊어지지 아니하느
니라.”

file 19 결혼생활은 딱 하루, 별거 40년 만에 이혼

마태복음 11:28 “수고하고 무거운 짐 진 자들아 다
내게로 오라 내가 너희를 쉬게 하리라.”

file 20 DV 남편에게 남은 것은?

로마서 5:6~8 “우리가 아직 연약할 때에 기약대로
그리스도께서 경건하지 않은 자를 위하여 죽으셨도다.
의인을 위하여 죽는 자가 쉽지 않고 선인을 위하여 용감
히 죽는 자가 혹 있거니와 우리가 아직 죄인 되었을 때에
그리스도께서 우리를 위하여 죽으심으로 하나님께서 우
리에 대한 자기의 사랑을 확증하셨느니라.”